As Sete Piores Coisas que os Pais Fazem

John C. Friel
Linda D. Friel

As Sete Piores Coisas que os Pais Fazem

Tradução
ROSANE ALBERT

EDITORA CULTRIX
São Paulo

Título do original: *The 7 Worst Things Parents Do.*

Copyright © 1999 John Friel e Linda Friel.

Publicado mediante acordo com Health Communications Inc., Deerfield Beach, Florida, USA.

Todos os direitos reservados. Nenhuma parte deste livro pode ser reproduzida ou usada de qualquer forma ou por qualquer meio, eletrônico ou mecânico, inclusive fotocópias, gravações ou sistema de armazenamento em banco de dados, sem permissão por escrito, exceto nos casos de trechos curtos citados em resenhas críticas ou artigos de revistas.

O primeiro número à esquerda indica a edição, ou reedição, desta obra. A primeira dezena
À direita indica o ano em que esta edição, ou reedição foi publicada.

Edição	Ano
3-4-5-6-7-8-9-10-11-12	05-06-07-08-09-10-11

Direitos de tradução para o Brasil
adquiridos com exclusividade pela
EDITORA PENSAMENTO-CULTRIX LTDA.
Rua Dr. Mário Vicente, 368 – 04270-000 – São Paulo, SP
Fone: 6166-9000 – Fax: 6166-9008
E-mail: pensamento@cultrix.com.br
http://www.pensamento-cultrix.com.br
que se reserva a propriedade literária desta tradução.

Impresso em nossas oficinas gráficas.

A todos os pais

Sumário

Agradecimentos 9

Advertências/Esclarecimentos 11

Parte I: Prepare-se

1. As sete piores coisas que os pais fazem 15
2. As regras do jogo 21

Parte II: As Sete Coisas

3. Tratar seu filho como se ele fosse um bebê 31
4. Passar seu casamento para o segundo plano 43
5. Envolver seu filho em muitas atividades 55
6. Ignorar sua vida emocional e espiritual 67
7. Ser o melhor amigo do seu filho 85
8. Não dar estrutura ao seu filho 105
9. Esperar que seu filho realize *os seus* sonhos e não os dele 121

Parte III: Vá em Busca de seu Objetivo

10. Se os ratos são capazes de fazer isso, você também é 137
11. As coisas boas que aconteceram a alguns pais que
    resolveram amadurecer: uma típica história de sucesso 149
12. Alguns conselhos finais sobre o relacionamento
    entre pais e filhos 163

Bibliografia e referências ou outros meios de comunicação 173

Agradecimentos

Nós já havíamos escrito cerca de um quarto de uma obra totalmente diferente quando nossa grande amiga, Mary Pietrini, que trabalha como co-terapeuta nos encontros da Clearlife/Lifeworks, sugeriu que escrevêssemos um livro sobre pais com base em todo o material sobre o assunto que ela havia recolhido durante diversas palestras no correr dos últimos catorze anos. Desde então, começamos a trabalhar nesse projeto nas horas vagas. Gostaríamos de agradecer a Mary por trabalhar conosco durante tantos anos e nos conhecer tão bem e ao nosso trabalho que foi capaz de nos dar essa sugestão.

Também gostaríamos de agradecer a James Maddock, Ph.D., professor da Universidade de Minnesota e psicólogo clínico, por nos orientar durante os muitos anos em que tivemos a honra de conviver com ele. Sua competência, sabedoria e integridade profissional como psicoterapeuta e professor são notáveis, sem dúvida nenhuma, mas apreciamos especialmente os comentários gerais que ele fez depois de ler um dos esboços finais deste livro.

Queremos agradecer a todas as pessoas, casais e famílias com quem tivemos a honra de trabalhar durante os anos em que nos dedicamos particularmente ao nosso projeto em Minnesota, bem como a todas as pessoas que assistiram aos nossos seminários e *workshops* em ambos os lados do Atlântico. A oportunidade de apresentar e discutir nossas idéias em público ajudou-nos a nos manter informados, animados e em constante desafio. Agradecemos, igualmente, a todos aqueles que assistiram a um dos nossos encontros da Clearlife/Lifeworks de três dias e meio. Queremos estar certos de ter agradecido a todos vocês que assumiram o que devem ter considerado um grande risco ao freqüentar um desses encontros, na busca de seu caminho para ir em frente.

10 As Sete Piores Coisas que os Pais Fazem

E, é claro, não poderíamos nos esquecer de Peter Vegso, editor e proprietário da Health Communications, por seu constante interesse e apoio ao nosso trabalho; e também de nosso editor Matthew Diener, por sua sábia e competente administração do nosso projeto; e, finalmente, de Erica Orloff, por sua orientação gentil e constante, apresentando sugestões valiosas para o aperfeiçoamento deste livro.

Advertências/ Esclarecimentos

Este livro foi escrito para ajudar as famílias que têm certos problemas com os filhos. Grande parte do material contido na obra é dirigido a famílias que estão em crise ou à beira de uma, mas não têm consciência disso. Algumas crianças que não têm controle de seus impulsos ou senso de responsabilidade pessoal levaram os especialistas em saúde mental a aumentar substancialmente as pesquisas a esse respeito, como revelam, quase semanalmente, os artigos e programas na mídia. Por esse motivo, idealizamos este livro de maneira diferente do nosso anterior. O intuito dele é analisar mais de perto os sete erros de relacionamento que os pais costumam cometer e levar você a refletir sobre isso.

Nós reconhecemos que é preciso dispor de uma quantia razoável de dinheiro para cometer certos erros, tais como sempre financiar os filhos quando eles se envolvem em dificuldades. Ao mesmo tempo, a maior parte do material deste livro é aplicável, de uma forma ou de outra, a todas as famílias. Você provavelmente encontrará nele exemplos que não se aplicam ao seu caso por várias razões, e, nesse caso, sugerimos que vá além de sua situação concreta ou então ignore por completo o exemplo. Quando dizemos, por exemplo, que muitas vezes as pessoas se matam de trabalhar por sua necessidade incontrolável de adquirir coisas, também temos consciência de que diversas famílias de baixa renda estão trabalhando muito e ganhando apenas para sobreviver. Se você se inclui nesta última categoria, compreenda que não estamos nos referindo a você.

O mais importante é que essas sete coisas não são as piores que os pais podem fazer. Surrar, torturar ou violentar sexualmente os filhos são, de longe, comportamentos bem piores. Acreditamos que isso seja óbvio para a maioria dos leitores. Decidimos dar este título ao livro porque encontramos muitos pais que julgavam estar fazendo um grande trabalho com os filhos, uma vez que *não* os torturavam. Em muitos casos, nada poderia estar mais longe da verdade do que isso.

Por favor, tenha isso em mente ao ler este livro.

PARTE I

Prepare-se

1

As sete piores coisas que os pais fazem

"**O** que poderia transformar virtualmente adultos inteligentes e independentes em escravos?"

Barbara Walters fez esta pergunta no início de um programa recente da ABC News sobre crianças pequenas que controlam tiranicamente os pais. Durante a transmissão desse valioso exemplo de telejornalismo, os espectadores assistiram a cenas gravadas em videoteipe mostrando uma mãe que tirava o filho do berço e o deitava novamente, inúmeras vezes. Durante várias horas, a criança manipulou a mãe, chantageando, sabotando e fazendo um verdadeiro espetáculo, e a mãe aceitava o jogo do filho. Em seguida, observamos outra criança com um pote cheio de escovas de dentes, que obviamente a mãe lhe dera na vã esperança de que o filho pudesse "escolher" com qual delas iria escovar os dentes. Vimos também uma criança chorando porque queria tomar um refrigerante no café da manhã. A mãe disse "não", mas o pai, quase de imediato, se aproximou e deu o refrigerante à filha, para "acalmá-la". É difícil presenciar esses exemplos dolorosos de pais bem-intencionados usando métodos que, à primeira vista, parecem lógicos — mas não funcionam.

Mais difícil ainda é observar crianças que, se conseguirem continuar comandando o espetáculo, serão um prato cheio para psiquiatras quando forem adultos.

Uma família em apuros

Eric e Pamela nos procuraram pela primeira vez durante o intervalo de um seminário que estávamos apresentando. Eles queriam saber como poderiam lidar com um problema, segundo eles normal, que estavam tendo com o filho. Eles pareciam adequadamente experientes ao descrever todos os detalhes da relação com o filho, contando que ele oferecia um pouco de resistência a escovar os dentes duas vezes por dia. Demos uma resposta a eles que se encaixava à situação que eles nos haviam descrito; aparentemente, ficaram satisfeitos com a resposta, e passamos à próxima pessoa da fila.

Oito semanas mais tarde, notamos em nossa agenda uma nova entrevista marcada para os clientes, Eric e Pamela Jamison. Quando os cumprimentamos, por ocasião do primeiro encontro, nós os reconhecemos como o casal que ouvíramos semanas antes. Bobby, seu filho de 5 anos, de fato resistia a escovar os dentes regularmente, mas essa era somente a ponta do *iceberg*. Ele também tinha acessos de fúria quando não conseguia o que estava querendo. Um controle sistemático subseqüente indicou que ele tinha pelo menos quatro acessos por dia. Recusava-se a comer o que Pamela preparava para o jantar, exigindo alguma coisa diferente, e então, depois que ela preparava *o que* ele queria, recusava-se a comer isso também. A hora de dormir era um pesadelo que estava provocando, cada vez mais, um perigoso conflito entre Eric e Pamela, e as manhãs antes do trabalho costumavam ser tão estressantes que Eric estava pensando seriamente em sair de casa, por medo de que pudesse fazer algum mal a Bobby.

E ainda havia mais. Muito mais. Mas, à medida que eles contavam sobre a estrutura de sua família, o que depreendemos foi que, na verdade, existia ali uma ausência de definição familiar. O que testemunhávamos era uma família que vinha se desentendendo havia vários meses, estando agora no auge do desespero. Então dissemos o seguinte a Eric e Pamela:

1. "Nós os admiramos muito. É preciso muita coragem para admitir que vocês têm um problema e procurar ajuda."
2. "Obviamente, vocês amam bastante Bobby."
3. "Todas as suas metas para educar Bobby são excelentes: vocês querem o melhor para ele; querem que ele cresça sentindo-se amado; esperam que ele se torne uma pessoa cordial e afetuosa; desejam que ele seja capaz de realizar o potencial que Deus lhe deu; e querem que ele seja bom, tanto na parte emocional e social quanto na intelectual. Essas são metas admiráveis."
4. "Parece-nos que alguns dos métodos mais específicos que vocês aprenderam para atingir essas metas não estão funcionando para vocês e Bobby. Em nossas sessões de terapia, tentaremos dar-lhes algumas ferramentas diferentes que talvez sejam mais eficientes."

No capítulo 11, continuaremos a relatar a história dessa família, bem como a solução feliz do seu problema.

Sete dos piores erros cometidos pelos pais

Educar crianças é, certamente, a tarefa mais gratificante e ao mesmo tempo mais assustadora que uma pessoa pode assumir. Afirmamos isso com base tanto em nossa experiência quanto na das pessoas com quem temos trabalhado. Educar crianças provoca um enorme desgaste na vida do casal, seja no campo emocional, financeiro, intelectual, espiritual ou físico. Não é de admirar que, segundo pesquisas sobre a felicidade conjugal, os casais se mostrem mais satisfeitos com o casamento antes de terem o primeiro filho e depois que o filho mais velho sai de casa. Portanto, respeitamos bastante aqueles que se comprometem com a tarefa diária de conduzir sua prole da infância até a independência adulta, que é a principal meta dos pais.

Os pais que procuram livros sobre a educação de filhos encontrarão uma quantidade incrível, quase infinita, de títulos sobre o assunto, o que indica que somos mais confusos e preocupados com a maneira de criar os filhos do que com qualquer outra coisa no mundo. Apesar da confusão e da falta de confiança que sentem, a maioria dos pais se preocupa com o que acontece aos seus filhos. E isso é bom. À medida que entramos no século XXI, ao lado de nossos *laptops*, computadores, conexões na Internet, telefones celulares, faxes, *pagers*, aparelhos de DVD, mais de quinhentos canais de televisão a cabo, e nos informamos instantaneamente, por meio da onipresente CNN, sobre os maiores acontecimentos do nosso minúsculo planeta, é incrivelmente importante que as pessoas continuem a se preocupar com as coisas básicas da vida.

Foi isso que nos motivou a escrever este pequeno livro. Somos psicólogos há muito tempo e sentimo-nos recompensados pelo trabalho que fazemos. Algumas pessoas se sentem recompensadas por seus talentos artísticos, outras por sua perspicácia nos negócios, outras ainda por seu conhecimento científico. Agradecemos pelas oportunidades diárias que temos de trabalhar com pessoas que decidiram se esforçar para melhorar sua vida. Não achamos isso entediante. Não nos sentimos esgotados ou vazios ao voltar para casa, à noite. E, ao contrário do que já deve ter pensado ao ler o título deste livro, de maneira nenhuma pretendemos ter todas as respostas "certas". Mas nossa experiência de muitos anos ajudando as pessoas a lidar com seus problemas, nos levou a formular opiniões razoavelmente claras sobre o que funciona e o que não funciona, para muitas pessoas.

Também estamos nesse campo de trabalho por tempo suficiente para saber que, no momento em que alguém sugere uma regra universal para educar crianças, sempre pode haver uma exceção, dando-nos todos os motivos para agir com grande humildade. Por um lado, a vida é terrível, misteriosa e complexa demais para ser reduzida a uma simples fórmula. Por outro, se não tivermos princípios e parâmetros na vida, nos tornaremos como os animais, que vagam pelo mundo em busca do seu próximo alimento, prontos para agredir qualquer pessoa que não concorde com nossas idéias. Esse é um dos paradoxos de viver

Prepare-se

— muitas normas e condicionamentos oprimem nossa vida — mas, se fossem poucas, viveríamos sob a ameaça do caos.

Tendo em mente as considerações acima, decidimos restringir nosso objetivo às sete reflexões mais importantes, no que se refere ao relacionamento entre pais e filhos, que identificamos ao longo desses anos e apresentá-las a vocês. Não pretendemos que essa lista seja definitiva. E estamos bem conscientes de que alguns desses itens não se aplicarão a você; para certas pessoas, nenhum deles se aplicará. Assim como nos outros livros que escrevemos, tudo o que pedimos é que você preste atenção, nem que seja por um momento apenas, nesse material que colhemos e apresentamos — encare-o como um conjunto de conceitos individuais, em vez de rejeitá-lo logo de cara. Embora não pretendamos ter todas as respostas certas, talvez você descubra que alguns dos seus conflitos como pai ou mãe se devam, pelo menos em parte, a um desses sete erros que os pais cometem. Portanto, aqui vão eles. Cada um constituirá um capítulo do livro. Esperamos que eles sejam um desafio para você.

1. Tratar seu filho como se ele fosse um bebê
2. Passar seu casamento para o segundo plano
3. Envolver seu filho em muitas atividades
4. Ignorar sua vida emocional ou espiritual
5. Ser o melhor amigo do seu filho
6. Não dar estrutura ao seu filho
7. Esperar que seu filho realize os *seus* sonhos e não os dele

2

As regras do jogo

Se você não conhece as regras, fica muito difícil ganhar o jogo. Portanto, este capítulo focaliza as regras do jogo dos pais. Existem outras regras, também, mas este capítulo contém o suficiente para colocá-lo no caminho certo. Tanto as crianças como os pais produzem melhor quando existe uma estrutura definida. Se você se perde em meio às mudanças que está tentando instituir em sua casa, seja perseverante. É preciso muita experiência para se tornar um bom pai. Se houver necessidade, simplesmente torne a ler este capítulo. Lembre-se de que, às vezes, as pessoas confundem "comprovado e verdadeiro" com "verdadeiro mas banal". Você talvez até já saiba qual é a coisa "certa" a fazer, mas perde-a de vista ao procurar uma resposta mais glamourosa.

Pequenas coisas produzem grandes resultados

Uma mudança feita com firmeza pode inverter todo um sistema. Pense numa sonda espacial que acaba de sair da órbita da Terra em direção a Júpiter. Imagine que ela se desvie da rota uma fração de grau.

Agora, imagine que os oficiais que controlam essa missão sejam incapazes de corrigir esse minúsculo erro no meio do percurso pelo mau funcionamento dos propulsores da sonda. Finalmente, imagine aonde a sonda irá parar, vários anos depois, quando o previsto era ela estar entrando na atmosfera de Júpiter. Até lá, serão milhões de milhas fora da rota. Pequenas mudanças produzem grandes resultados.

Às vezes, as pessoas começam a fazer terapia buscando dramas terríveis e rápidas soluções. Outras vezes, esperam que um passe de mágica transforme sua estrutura familiar de um dia para o outro. Ao fazer isso, elas se esquecem de que uma pequena mudança, se for mantida com firmeza e integridade, poderá, realmente, modificar toda a estrutura da família. É claro que as mudanças não acontecerão da noite para o dia, por mais que você se esforce. Isso leva tempo.

Sugerimos que você visualize um mostrador com uma escala de 360 graus que tenha em seu interior uma mola resistente que tenta manter o ponteiro no grau zero. Imagine o que vai acontecer se você girar esse ponteiro 270 graus no sentido horário e depois soltá-lo, deixando-o voltar para trás rapidamente. Isso é o que costuma acontecer quando queremos mudar as coisas muito depressa, de uma vez só. Nossas intenções são boas, mas as mudanças a longo prazo precisam de tempo para se firmar.

Agora imagine-se girando esse ponteiro até a marca de sete graus e conservando-o nessa posição durante doze meses, apesar da mola resistente que está presa ao ponteiro e que tenta fazê-lo voltar ao zero. Depois de doze meses trabalhando diligentemente para mantê-lo nos sete graus, você solta o ponteiro e descobre que ele permanece na marca dos sete graus — a mola interna ajustou-se à nova posição. Mais adiante, você descobre que muitos outros aspectos de sua vida mudaram de maneira significativa graças ao crescimento interior que aconteceu à medida que você trabalhou pacientemente para ser bem-sucedido em vez de correr atrás de uma solução rápida.

A inadequação normalmente iguala os extremos

O oposto de inadequado é inadequado. A seguir, enumeramos alguns exemplos comuns de comportamentos extremos que tendem a ser igualmente inadequados de formas opostas, pelo menos superficialmente.

1. Pessoas pegajosas, desamparadas e queixosas *versus* as que negam as próprias necessidades de dependência e são exageradamente independentes e auto-suficientes.
2. Pessoas que ficam bravas e esmurram paredes *versus* aquelas que fecham a cara e permanecem em silêncio por dois dias para punir você.
3. Pessoas que nunca choram *versus* aquelas que parecem estar constantemente em lágrimas.
4. Pessoas que estabelecem muitos limites para os filhos *versus* aquelas que são exageradamente permissivas.
5. Famílias cujos membros quase nunca ficam juntos *versus* aquelas cujos membros passam praticamente o tempo todo juntos, excluindo relacionamentos e interesses externos.
6. Pessoas presas a crenças muito rígidas *versus* as que têm crenças muito inconsistentes ou nem mesmo as têm.

Lutar é bom

Lutar é bom. Sem isso não estaríamos vivos, não teríamos uma razão para viver, não nos sentiríamos realizados. A única época em nossa breve vida em que não precisamos lutar é quando estamos no útero de nossa mãe. Mas, com o *trabalho* de parto e o nascimento, começa nossa luta. Quando os pais tentam remover todos os obstáculos do caminho de seus filhos, eles acabam por criar um mundo de fantasia e uma prisão emocional para as crianças. Se a casa for o único lugar do mundo onde a criança não tem necessidade de lutar, e a criança não aprendeu, em primeiro lugar, a apreciar a luta, então ela não vai sair de casa; não vai conseguir sair de casa. É a base para a decepção. Mesmo que consiga sair fisicamente da casa dos pais, não conseguirá crescer e deixar a casa emocionalmente. Dadas as circunstâncias, por que faria isso?

Você não pode mudar o que não quer admitir, e o que você não admite acaba por comandar a situação

Se sua casa está caótica, as crianças estão fora de controle, você se ressente intimamente por seu marido tomar o partido dos filhos o tempo todo e costuma fantasiar uma fuga para uma remota ilha tropical, mas não quer admitir nenhum desses sentimentos para ninguém, nem para si mesma, então certamente você não irá mudar nenhuma dessas coisas. Se não admitir que há um problema, como você poderá corrigi-lo? Mas, se não deixar seus sentimentos se exteriorizarem, aquilo que não for discutido tende a tomar conta da situação. Dizer que sente vontade de fugir não é o fim do mundo. Esperar para assumir esse desejo até o momento em que vai mesmo embora pode ser o fim de um mundo saudável para você.

Seus filhos não vão se despedaçar se você deixar que eles cresçam

Esse seria provavelmente um corolário para "lutar é bom", mas o medo de que os filhos se façam em pedaços caso tenham de lutar é tão real e poderoso para alguns pais que achamos que devemos dizer isso novamente de uma outra forma. Se você tiver sido mimado e sufocado com excesso de cuidados, ou se viveu o outro extremo, sofrendo maus-tratos e sendo negligenciado na infância, você corre o risco de imaginar que seus filhos irão se despedaçar se deixá-los crescer. É claro que as crianças são muito resistentes, e nesses casos recomendamos aos pais que direcionem corretamente suas carências infantis em vez de projetá-las em seus filhos. Ser pai ou mãe é muito mais fácil quando não somos dirigidos pelos fantasmas de nosso passado.

Algumas regras, aplicadas firmemente e sem exagero, são mais eficazes do que muitas regras aplicadas sem firmeza

Isso, de certa forma, é um corolário parcial para "pequenas mudanças levam a grandes resultados". Aqui, a meta é atingir o equilíbrio. Quando observamos pais tentando aplicar grande quantidade de regrinhas, sabemos que estamos presenciando pais que, de alguma forma, estão desesperados. Se eles forem capazes de conseguir que os filhos obedeçam a essas inumeráveis regras, o que é quase impraticável, isso significa que os pais são extremamente rígidos ou, muitas vezes, assustadores para seus filhos. Da mesma forma, quando vemos pais que estabelecem pouquíssimas regras e as aplicam sem nenhuma firmeza, sabemos que os problemas vão surgir.

Para as crianças, os hábitos básicos, uma hora determinada para ir para a cama seguindo os rituais que acompanham esse horário, como o banho e a escovação de dentes, e algumas tarefas domésticas que sejam feitas regularmente, mais uma ou duas regras, já é o suficiente, desde que todas sejam aplicadas com firmeza. O único modo de as crianças aprenderem a ter estrutura interior é começando pela exterior. Crianças que crescem com limites, como, por exemplo, com hora certa para dormir, desenvolverão uma estrutura interior bem definida que lhes será útil durante toda a vida. Alguma coisa tão simples pode parecer sem valor, mas sem dúvida é muito importante.

Crianças despreparadas não conseguem ter auto-estima elevada

Em algum ponto a caminho do século XXI, alguns adultos se apegaram à idéia de que elogiando constantemente os filhos pelas coisas mais insignificantes que façam vão acabar por criar neles auto-estima elevada. Isso foi provavelmente uma reação às práticas severas e vergonhosas, anteriores ao chamado "movimento em prol da auto-estima", mas precisamos voltar ao curso normal. O oposto do inadequado é ainda o inadequado. Evidentemente, precisamos elogiar nossos filhos quando fazem bem as coisas, mas também temos de deixá-los lutar sozinhos com os problemas, e muitas vezes retirarem sua recompensa do fato de terem resolvido a questão por si mesmos.

Precisamos ensinar nossas crianças sobre a vida. Não é suficiente enchê-las com elogios vazios por terem feito um trabalho sem grande empenho. Precisamos guiar, ensinar, corrigir com moderação e ajudar nossas crianças a caminhar para a competência. A auto-estima, afinal, deriva da competência, não da incompetência. Nunca encontramos um ser humano que não tivesse nada a oferecer ao mundo. Nosso trabalho como pais é ajudar nossos filhos a descobrir seus talentos e, então, a empregá-los bem.

Nossos comportamentos doentios sempre têm causas e efeitos (caso contrário não os assumiríamos)

Esse é um corolário para "Você não pode mudar aquilo que não está querendo admitir". Temos de ser honestos com relação a nossos comportamentos doentios. Todo comportamento humano é motivado por alguma coisa, e não fazemos nada sem ter uma razão para isso. Por que alguém beberia até morrer? Porque o medo de morrer por causa do alcoolismo não parece tão terrível quanto o pavor de viver sóbrio. Por que alguém deixaria os filhos ficarem acordados até qualquer hora da noite em vez de estabelecer um horário regular para ir dormir? Porque essa pessoa quer ser amada, quer ser vista como "alguém legal". Ou porque a culpa que sentiria caso estabelecesse um horário lhe parece mais dolorosa do que as conseqüências de deixá-los acordados. Por que alguém iria dividir seus problemas conjugais com os filhos em vez de fazer isso com o marido ou outros adultos? Porque as crianças são vulneráveis, receptivas, precisam dos pais, são uma audiência cativa, e porque falar com outros adultos é mais assustador do que partilhar essas informações com crianças.

A vida não é um teste, é um experimento — portanto, experimente coisas novas

Lembre-se, sobretudo, que não há crianças, famílias ou pais perfeitos. Ninguém vai lhe dar nota por suas habilidades como pai ou mãe. Ninguém está marcando os pontos. Não precisa fazer tudo perfeitamente. Você não pode fazer tudo perfeitamente. Vai cometer erros, e alguns deles vão lhe causar alguns apertos temporários no coração, mas eles são necessários e fazem parte da vida. Ninguém passa pela paternidade ou pela maternidade sem alguma dor. Aceite essa verdade e você se descobrirá um bom pai ou uma boa mãe muito mais facilmente. Isso é verdadeiro e é válido.

PARTE II

As Sete Coisas

3

Tratar seu filho como se ele fosse um bebê

Tratar nossos bebês como bebês

Em *Emotional Intelligence: Why It Can Matter More Than IQ*, Daniel Goleman citou a pesquisa de Jerome Kagan sobre crianças que são congênita e biologicamente tímidas. Mães que protegem os filhos tímidos das experiências desagradáveis produzem crianças que, ao crescer, continuarão a ser atormentadas pelo medo. Mães que, gradual e firmemente, encorajam os filhos a lidar cada vez mais com o mundo, criam crianças que, mais tarde, serão muito menos medrosas. Esse resultado desafia a crença de muitos pais americanos contemporâneos, que acreditam que seus filhos devem ser defendidos contra as dificuldades da vida. Ao contrário, mesmo as crianças biologicamente assustadas se saem melhor se os pais as encorajarem a vencer seus medos.

"Infantilizar" é um termo psiquiátrico que quer dizer aquilo que você provavelmente imagina que signifique — uma expressão menos técnica seria "tratar nossos filhos como bebês". Com a aparente epide-

32   As Sete Piores Coisas que os Pais Fazem

mia de negligência por parte dos pais e a fragmentação familiar que ocorre no mundo atual, você pode pensar que isso dificilmente constituiria um problema, mas nada está tão longe de ser verdadeiro. Por muitas razões, um grande número de crianças que mal consegue escrever uma frase inteira sem interferência, é capaz de produzir uma redação de cinco páginas com gramática e pontuação corretas. Muitos saem de casa aos vinte e poucos anos sem saber lidar com uma máquina de lavar e de secar roupa, ou fritar um ovo, ou passar uma camisa, ou mesmo controlar um canhoto de talão de cheques. E um número alarmante de homens entre os 25 e os 28 anos — as estimativas chegam a 30 por cento —, nos Estados Unidos, vive atualmente na casa dos pais, sendo que muitos deles não ajudam no aluguel e não participam dos serviços domésticos.

De volta aos anos 70, quando supervisionávamos alunos da pré-escola, percebemos uma tendência perturbadora. Quando deparavam com uma atividade como desenhar ou fazer algum trabalho manual, algumas das crianças de 3 ou 4 anos que freqüentavam a pré-escola trabalhavam durante alguns minutos e então paravam, aparentemente esperando um elogio para cada linha desenhada. No decorrer do ano, percebemos que os pais daquelas crianças tinham, com a melhor das intenções, embarcado nas idéias do movimento em favor da auto-estima. Não querendo que a auto-estima dos filhos fosse prejudicada, eles inconscientemente decidiram que a melhor atitude era recompensar cada pequena conquista alcançada pelas crianças. É claro que o uso indiscriminado desse reforço acabou por causar o efeito contrário, tornando as crianças tão dependentes de recompensas externas que elas ficaram praticamente desamparadas em seu íntimo, baixando a auto-estima a níveis perigosos. Em *Smart Parenting: How to Parent so Children Will Learn*, a especialista em relacionamento entre pais e filhos, Dra. Sylvia Rimm, escreveu sobre o poder exercido pelas crianças que são muito dependentes em função da superproteção: "Como eles são bons e cuidadosos e os sintomas de poder das crianças (lágrimas e súplicas) são muito persuasivos, pais e professores continuam a protegê-las, tirando delas, sem querer, a oportunidade de enfrentar um desafio". (p. 17)

Mas os pais querem o melhor para os filhos, não é? Sem dúvida. Os pais enfrentam um trabalho difícil sem muito treino formal para isso. Mas, a despeito das boas intenções, recompensar os filhos pelos atos mais simples não ajuda em nada. Isso paralisa as crianças, roubando-lhes o prazer da luta e da realização. Nos anos 60, Walter Mischel, psicólogo de Stanford, conduziu algumas pesquisas de base sobre a demora em recompensar crianças. Ele descobriu que crianças de 4 anos que pegavam alguns doces tão logo eles lhes eram oferecidos tornavam-se nitidamente diferentes daquelas que prefeririam esperar mais alguns minutos para conseguir mais doces. Na adolescência, aquelas crianças que foram capazes de esperar mais tempo pela recompensa ainda conseguiam esperar pelas coisas, mas também eram mais realizadoras, mais bem-ajustadas social e emocionalmente, metiam-se menos em confusões, eram mais apreciadas e muito mais felizes do que os adolescentes que tinham escolhido não esperar para conseguir mais doces quando tinham 4 anos. As descobertas de Mischel são notáveis.

Luta em doses ideais

Especiais de televisão e livros edificantes como a série *Chicken Soup for the Soul* estão repletos com histórias de extraordinária coragem, persistência, fé e esperança. Algumas vezes ouvimos essas histórias e balançamos a cabeça, queixando-nos intimamente pelo fato de nunca termos demonstrado tal coragem ou perseverança, ou desejarmos ser capazes disso mas não sabermos como fazê-lo. Parte do motivo que faz algumas pessoas sentirem essas histórias como cheias de mistério é o fato de que o espírito humano às vezes é insondável. Mas, outras vezes, achamos essas histórias incompreensíveis, porque não recebemos nossas *doses ideais de luta* quando estávamos crescendo.

Esse conceito não é novo; circula por aí, no mínimo, há milhares de anos. Erik Erikson, um dos pais da moderna teoria da personalidade, e um dos mais respeitados psicólogos do século XX, tratou dessa questão há pelo menos cinqüenta anos. Erikson criou a expressão "crise de identidade" e, em suas idéias neofreudianas, idealizou oito estágios de desenvolvimento, que começam na infância com a crise de confiança *versus* desconfiança. Se você ler seus trabalhos originais, vai perceber que, para ser bem-sucedido na resolução de cada estágio, é necessário o equilíbrio entre a pressa e os impulsos da criança em relação à estrutura fornecida pelos pais. Esse equilíbrio dinâmico cria uma batalha saudável e, por meio dessa luta, as pessoas crescem saudavelmente. Do nascimento até mais ou menos o décimo oitavo mês, as necessidades infantis precisam ser satisfeitas continuamente para que os bebês compreendam que isso vai acontecer e que podem contar com o — isto é, ter confiança no — ambiente à sua volta. Mas, nos últimos meses desse estágio, talvez do décimo segundo ao décimo oitavo mês, também é importante que algumas necessidades infantis *não* sejam satisfeitas imediatamente. Quando os bebês têm de esperar um pouco por alguma coisa, eles aprendem dois fatos muito importantes da vida:

1. Que eles são seres separados das pessoas que os estão criando.
2. Que eles nem sempre podem conseguir o que desejam.

Esta última afirmativa pode soar familiar porque representa o começo do aprendizado da recompensa adiada. Se é tão simples e direto, por que tantas pessoas têm problemas para criar os filhos? Primeiro, como pais, temos a tendência de:

1. Fazer o que foi feito conosco, ou
2. Fazer o oposto do que foi feito conosco.

Se o que foi feito conosco não foi bom, tal como ser educado com excesso de rigidez dentro de uma estrutura sobrecarregada de regras e controles, tanto podemos repetir o modelo quanto fazer o oposto: criar uma estruturazinha toda voltada para nossos filhos, que é uma opção tão prejudicial quanto a anterior.

Segundo, muitos se sentem tão culpados com relação à forma como estão se comportando na condição de pais que tentam compensar seus erros numa área sendo excessivamente permissivos na outra. Você tem brigado com sua mulher? Você é divorciado? Passa todo o seu tempo no escritório? Bem, pelo menos você deixa seus filhos comerem toda espécie de guloseima industrializada e assistir à televisão o tempo que quiserem. Isso deveria compensar parte da dor que eles têm vivido, não é verdade? Errado. Isso apenas empilha dor sobre dor, acumulando os problemas como juros numa caderneta de poupança.

Quer você acredite ou deixe de acreditar, remediar o problema é mais fácil do que imagina. Olhe à sua volta. Você gosta realmente de adultos queixosos, que não podem esperar por nada, que são grosseiros e exigentes? Como você pensa que eles se tornaram assim? O trabalho de Erikson sugere que os pais dessas pessoas ou as controlaram em excesso ou foram muito permissivos com elas na infância. Agora, preste atenção à sua filha de 4 anos. Ela choraminga demais? Recusa-se a ir para a cama no horário adequado? Ela cospe a comida, recusa-se a comer e chora na mesma hora? Você diz a si mesmo, secretamente e com uma culpa terrível, que está criando um monstro? Tudo bem, você tem um problema. Ele é insolúvel? Nenhum problema é insolúvel, muito menos aos 4 anos de idade. Se você esperar até ela chegar aos 24, então você pode ter criado um problema a longo prazo e ter um adulto ainda morando com você, bem na fase da vida em que estava pensando em como seria bom curtir seu ninho vazio.

Lutar é bom

Em nosso último livro, *The Soul of Adulthood*, dedicamos um capítulo inteiro à verdade-chave psicológica que lutar é bom. E então devotamos outro capítulo inteiro à verdade que reza que a oposição faz bem. Seria fácil escrever um livro inteiro tratando da idéia de que lutar e encontrar oposição é uma boa coisa. Quando nossos filhos não precisam lutar, eles não crescem. Já que a vida nos oferece oposição em muitas frentes, a pessoa que não tiver capacidade de luta e que não consiga sentir prazer e satisfação quando estiver empenhada nisso achará a vida cruel e deprimente, o que é uma infelicidade, já que as pessoas que aprenderam a lutar sentem, muitas vezes, a vida desafiadora e excitante.

O que fazer em vez disso

IDENTIFIQUE O PROBLEMA

Comece com coragem, brio, determinação e um espírito resoluto. Seus filhos estão comandando o espetáculo? Sem querer, você criou um pessoalzinho que se sente infeliz interiormente mas tão embriagado pelo poder que não consegue se livrar dele? Seus filhos não estão agindo errado, a culpa não é deles. Não vieram ao mundo para educar você e nem criam as regras familiares. Você as cria! As crianças são muito mais alegres e saudáveis quando são estruturadas e têm limites. Levamos o homem até a Lua e pusemos câmeras móveis em Marte, portanto sabemos que somos capazes de vencer esse problema de relacionamento entre pais e filhos. Sabemos também que somos capazes de fazer isso sem cometer excessos.

Crianças que foram infantilizadas

Você faz tudo por seus filhos? Corre atrás deles, arruinando suas costas quando se arca para segurá-los, evitando que caiam para trás quando estão aprendendo a andar? Você faz exatamente a mesma coisa quando os filhos chegam aos 21 e você paga os débitos dos cartões deles, ou arranja um amigo advogado para livrá-los da multa por dirigirem bêbados, quando você sabe muito bem que eles estavam realmente bêbados? Todos temos as melhores intenções, mas amarrar o cordão dos sapatos dos filhos porque acha que é muito complicado para eles é um precedente muito perigoso. E uma vez estabelecido, é muito difícil de mudar. Amarre os sapatos dele hoje. Faça a lição de casa para sua filha quando ela tiver 9 anos. Corra, faça estardalhaço e salve seu filho todas as vezes que ele tiver a menor discussão com um amiguinho. Quando sua filha chegar aos 24 e estiver lutando para fazer amigos, já que foi sempre um pouco retraída, torne-se sua melhor amiga, assim ela não precisará lutar, e também nunca irá crescer.

Não infantilizar crianças é uma luta especialmente dolorosa, por razões óbvias, para os pais que cresceram em circunstâncias adversas, como em meio à pobreza e ao alcoolismo. Quando nós próprios passamos momentos difíceis na infância, queremos nos assegurar de que nossos filhos não tenham de enfrentar a mesma coisa. Isso cria em nós uma espécie de venda que nos impede de enxergar certos aspectos da vida, e é dessas vendas que precisamos nos desfazer, cuidadosamente, se quisermos ser bons pais e alcançarmos equilíbrio na vida. Assim, sente-se sozinho, num lugar quieto, em que não haja nada que distraia sua atenção, e ouça o que seus sentidos e seu coração estão lhe dizendo. Pais que trabalham ativamente nessa questão cedo ou tarde nos dizem que uma vozinha dentro deles lhes dizia que estavam infantilizando os filhos, mas que a voz era abafada pelo ruído terrível da infância dolorosa que eles tiveram.

É preciso ter coragem extraordinária, inimaginável dignidade e incrível determinação para conseguir ouvir essa vozinha acima do rugido de velhas feridas. E, em cada caso, quando as pessoas conseguem ouvi-la, são recompensadas muito além de suas expectativas mais otimistas.

Crianças comandam o espetáculo

Procurar o quê? Essa é a questão. Na infância, preste atenção se seu bebê de um ano e meio é capaz de esperar alguns minutos, sem muita gritaria, até que você o pegue. E sobre a hora de dormir? Se estiver criando seus filhos com algumas regras aplicadas com firmeza, então isso dificilmente será um problema. As crianças se sentem mais seguras e muito mais saudáveis quando há um ritmo regular em sua vida.

Em geral, as crianças devem estar cumprindo algumas tarefas simples e rotineiras diariamente sem fazer estardalhaço. Isso inclui ficar pronto para ir se deitar, ir se deitar sem se levantar a toda hora para ir buscar alguma coisa, arrumar-se de manhã e guardar os brinquedos no fim do dia. Isso pode não parecer importante num mundo que se tornou confusamente complexo, mas é. Muitos pais dizem: "Não enfatizamos muito a hora de dormir e as tarefas domésticas porque preferimos ver nossos filhos acordados até um pouco mais tarde e aprendendo a usar computador. Se não aprenderem isso, nunca serão bem-sucedidos!" Pense novamente sobre isso. Quanto mais complexo fica o mundo, mais importantes se tornam as rotinas desse tipo. Elas ajudam a criar nas crianças uma estrutura interior e limites ao ego, que são as coisas que realmente distinguem a pessoa preparada da despreparada quando chegam à idade adulta.

DEFINA E AVALIE O PROBLEMA

Infantilizar

Algumas vezes, as melhores medidas gerais para se avaliar o grau de infantilização são, como foi descrito anteriormente, observar situações como ter um filho de 26 anos ainda morando em sua casa, crianças de 4 anos que não podem esperar pela recompensa, ou filhas de 20 anos que preferem dividir tudo com você a assumir o risco necessário para arranjar amigas íntimas fora de casa. Espera-se dos filhos que eles atinjam certos marcos de desenvolvimento, e há uma quantidade enorme de livros e teorias por aí que exploram essa idéia. Gostamos da teoria de Erik Erikson porque ela nos dá um "mapa geral" bem nítido. Generalizando, uma criança de 5 anos deve ser capaz de amarrar seus sapatos, recolher seus brinquedos no fim do dia e esperar alguns minutos por alguma coisa que deseja, em vez de ficar furiosa quando não consegue imediatamente o que quer. Uma pessoa de 21 anos deve ser capaz de conferir o canhoto de um talão de cheques, pagar contas sem pular cheques, ter um círculo de

As Sete Coisas

amizades que substitua boa parte das funções da família original e conseguir manter um emprego.

Quanto mais fizermos essas coisas *para* nossos filhos nessas diversas idades, mais os infantilizaremos. E certamente, quanto mais nos sentirmos confusos e inúteis ao observarmos a vida de nossos filhos, haverá mais chances de termos problemas nessa área.

Deixar que as crianças comandem o espetáculo

Isso coincide de certa forma com a infantilização. Como sabemos quando nossas crianças estão comandando o espetáculo? Sabemos disso quando temos a impressão de que os adultos não estão exercendo suas funções. Quando há constantes e infelizes brigas relacionadas ao exercício do poder entre pais e filhos e entre pai e mãe. Quando os filhos "dividem para conquistar", como fazem ao dizer: "Mamãe disse que não podemos sair antes de acabar a lição de Matemática, mas será que não dava para a gente sair agora e acabar a lição depois?" Quando as crianças tornam-se perfeitos e consumados negociadores e os pais, consumados ranzinzas, a tensão da casa é tão perceptível que todos ficam estressados. Descobrimos que as crianças estão comandando o espetáculo quando, no fundo do nosso coração, começamos a nos ressentir de nossos filhos: é assim que ficamos sabendo.

Especificamente, nossos filhos estão no comando do espetáculo quando eles têm cinco escovas de dente diferentes, para que possam escolher uma delas, isso porque você pensou que assim terminaria a briga para ver quem manda em relação à escovação de dentes, só que isso não aconteceu. O menino está no comando da situação quando você lhe pede seis vezes para que tire o lixo e acaba você mesmo fazendo isso, semana após semana, em vez de encontrar uma forma de fazer valer com firmeza a obrigação de ele cumprir uma tarefa tão simples. Sua filha diz que a odeia depois que você diz a ela que não tem dinheiro para lhe dar um carro. Como não consegue suportar a raiva dela contra você, você sucumbe diante de uma manipulação tão evidente e compra o carro para sua filha e ainda paga

40   As Sete Piores Coisas que os Pais Fazem

o seguro, afundando-se em dívidas, o que lhe garante ainda mais noites sem dormir.

Seus filhos têm uma tremenda boca suja apesar de você pedir a eles repetidamente que não digam palavrões e todo tipo de obscenidades que você já tinha ouvido, e ainda outras que você não conhecia? Quando lhes pede que não xinguem, eles dão uma risadinha e lhe dirigem um nome feio? Isso faz com que você fique ao mesmo tempo com o coração apertado e intimamente cheia de raiva? Ou seus filhos brigam como bárbaros o tempo todo, destruindo o que restava de paz em sua casa, fazendo que sua pressão permaneça alta apesar do novo medicamento que o médico lhe receitou? Se isso tudo faz parte do dia-a-dia de sua casa, então você tem um problema.

RESOLVA O PROBLEMA

Muitas pessoas sabem como resolver o problema. Em algumas famílias, a dificuldade não é saber como resolver esses problemas, mas é reconhecer que, com o passar do tempo, deixar de resolvê-los causará mais dor e sofrimento. Não há momento que se iguale ao presente para começar a ajudar as crianças a crescer. Mais uma vez, lembre-se de que uma mudança feita com firmeza pode transformar por completo um sistema. E não tente modificar tudo de uma só vez.

Infantilizar as crianças

Em seguida, você encontrará uma lista de sugestões. Lembre-se, a vida não é um teste, é um experimento, por isso, o fato de ser imperfeito não acarreta penalidades no jogo da vida. Assim, assuma o risco e experimente essas sugestões. Você provavelmente vai ter uma surpresa agradável com os resultados que alcançar.

1. *Deixe que eles amarrem os próprios sapatos!* Ensine sua filha de 5 anos a amarrar os cordões dos tênis. Acrescente cinco ou dez minutos extras à rotina da manhã para que ela tenha tempo de amarrar pessoalmente os tênis. Nas primeiras vezes em que ela conseguir amarrá-los, mesmo que não perfeitamente, demons-

tre que percebeu e aprove sua nova conquista. A alegria pessoal por ter conseguido executar essa tarefa vai fazer com que ela mantenha o comportamento tão logo o tenha aprendido.

2. *Não interrompa o que estiver fazendo só pelo fato de que eles vão ter de esperar alguns minutos.* Quando seu bebê de um ano e meio acordar do soninho da tarde, bem na hora em que você estiver fritando os bifes ou retirando o suflê do forno, grite numa voz alegre que num minutinho estará com ele. Se ele começar a fazer estardalhaço, mesmo que seja uma gritaria, continue a fazer o que estava fazendo (a menos que seja algo que demore mais do que cinco ou dez minutos). Quando tiver acabado, entre alegre e confiantemente no quarto, agradeça a ele por ter esperado e atenda às suas necessidades. Não dê muita importância a isso. Aja da maneira mais natural possível. O fato de expor seus filhos a pequeninas doses de frustração como essa vai ajudá-los a aprender que esperar não é o fim do mundo e que eles não estão grudados em você. Caso se sinta muito culpada, saiba que isso é uma prova de amor que irá ajudar seu bebê a aprender as lições da vida.

3. *Deixe que as lágrimas dela operem a cura.* Quando sua filha de 14 anos chega da escola em prantos porque o primeiro namorado aparentemente desmanchou o relacionamento entre eles (a propósito, um acontecimento que pode se reverter amanhã e, então, se repetir no dia seguinte, por causa da idade deles), apenas ouça. Seja uma boa ouvinte. Diga coisas como: "Parece que isso foi muito dolorido para você. Sinto muito que você se sinta tão ferida agora". Evite lhe dar conselhos. Apenas ouça, ouça e ouça.

A tristeza ajuda a recuperação. As lágrimas vêm com a tristeza. Só o fato de estar com ela remete-lhe uma poderosa mensagem inconsciente: sua crença de que ela é capaz de lidar com a dor. É claro que o fato de escutá-la e apoiá-la é tudo o que sua filha necessita para saber que você se preocupa profundamente com ela.

4. *Não quite os débitos de seu filho!* Seu filho de 21 anos, já quase formado na faculdade, entra em casa depois de trabalhar em seu medianamente lucrativo emprego de verão e anuncia que, sem saber como, acumulou um débito no cartão de crédito num valor bastante alto, quantia que ele não possui. Diga-lhe: "Puxa, é um colosso de dinheiro". Fale isso em um tom neutro e respeitoso. Não sorria debochando, não pareça horrorizado, não torça as mãos, não assuma o ar de quem vai castigá-lo imediatamente. Espere um pouco. Nenhum dos dois vai ficar à vontade durante essa pausa, mas quando seu filho perceber que você não vai cobrir a dívida dele, a mente dele vai começar a funcionar para descobrir um jeito de resolver a situação. Se ele lhe pedir para liqüidar o débito, diga-lhe calmamente que você gostaria muito, mas que tem muito mais medo do que irá acontecer se pagar por ele do que se deixar de fazê-lo. E imediatamente pergunte a ele: "Você quer alguma ajuda para imaginar uma maneira de equilibrar suas finanças e como estabelecer um orçamento e um plano de pagamento, de forma que isso possa ser pago em alguns meses?"

Todos os pais gostariam de aplainar completamente o caminho para os filhos, e isso é natural. Os pais mais capacitados resistem a esses impulsos porque eles sabem que, com o tempo, se alisarem todas as arestas da vida acabarão por atrofiar os filhos e não deixarão que eles amadureçam. Essa é uma escolha que precisa ser feita.

Deixar que os filhos comandem o espetáculo

Se você realmente quer tomar providências com relação a isso e sente que precisa de um incentivo com alto teor dramático, consiga um vídeo do programa *20/20* sobre crianças que dirigem tiranicamente suas casas (há referências no fim do livro). Duvidamos que alguém consiga assistir a esse programa sem ser levado a agir com firmeza.

4

Passar seu casamento para o segundo plano

Quando um casal comparece à primeira sessão de terapia de relacionamento, uma pergunta que fazemos é: "Há quanto tempo vocês não saem sozinhos, sem as crianças, para dormir uma noite fora de casa?" Descobrimos que essa pode ser uma pergunta útil. Faz muito bem para o casal e para as crianças experimentarem essa quebra na rotina da família, com calma e segurança. Parece que é muito comum na sociedade atual que os pais passem um, dois, três, cinco anos sem ficar uma noite longe dos filhos. Evidentemente, pais recentes podem experimentar alguma culpa ou luta íntima, mas se os filhos estão sendo bem cuidados, apoiamos e encorajamos essa forma de descontração para pais e filhos. Quando um relacionamento conjugal sólido é visível para os filhos, observamos que as crianças ficam mais relaxadas e conseguem se desenvolver mais facilmente.

Você é uma UAP?

Os americanos orgulham-se de ser familiarmente orientados, tanto no aspecto social como moral. Perto da Irlanda, de quem herdaram muitas das práticas e costumes em relação às crianças, fazem parte talvez da nação mais centrada em crianças entre todas as nações ocidentais industrializadas. Acredite ou não, isso pode ser um problema, porque um casamento ou uma relação a longo prazo é um organismo vivo, que respira e está sempre se renovando, curando suas feridas, amadurecendo e mudando. Assim, precisa ser alimentado e cuidado ou acabará por secar e morrer. Deve receber água, ser semeado e podado. Precisa da luz do sol. Precisa de tempo para descansar e se refazer. Um relacionamento que se direciona para o exterior, excluindo a si mesmo, certamente irá definhar.

Lembre-se de que o oposto de inadequado é inadequado. É igualmente pouco saudável para os pais negligenciar seus filhos, deixá-los com babás, passar as noites fora, o tempo todo. Evidentemente, pais desequilibrados, como se tem notícia vez por outra nos jornais, que deixam seus pequeninos em casa enquanto viajam de férias durante vários dias, são culpados de negligência e abandono. Entretanto, este capítulo é direcionado àqueles pais que são tão ligados aos filhos ou que ainda sofrem com tantos fantasmas do passado que não conseguem se separar dos filhos tempo suficiente para cuidar de vez em quando de seu casamento. Se você não sabe quem você é, pode descobrir verificando se seu casamento está murchando.

Por mais de uma década, conservamos um recorte em frangalhos de uma coluna escrita por Ann Landers que se referia a uma bela pesquisa feita no Instituto Nacional de Saúde Mental. Nesse estudo, os pesquisadores localizaram cinqüenta pais que foram muito bem-sucedidos na criação de seus filhos, que atingiram a idade adulta saudavelmente. Eles pediram a esses pais que oferecessem sugestões de como criar filhos saudáveis. Como era de se esperar, esses ótimos pais mencionaram coisas como "escutar o filho", dizer "por favor" e "obrigado", "não esperarem jamais ser pais perfeitos". Como você já deve ter adivinhado, depois de mencionarem "a importância de amar a criança e fazê-la sentir que tem seu lugar próprio", eles incluíram: *"fazer da necessidade de seu companheiro uma prioridade – famílias centradas nas crianças não produzem nem pais nem filhos saudáveis".*

Você já parou para pensar em quantos divórcios ocorrem quando os filhos já deixaram a casa paterna? Com freqüência, pelo menos superficialmente, você vê um casal perfeito com filhos perfeitos que vivem em uma família perfeita. Eles podem até fazer juntos uma porção de atividades familiares, e pode parecer que eles são carinhosos, amorosos, cooperativos e bem-sucedidos, e então as crianças crescem. Por que um divórcio a essa altura?

Volte uma página, se tanto, para trás e você saberá. Em muitos dos divórcios que testemunhamos, de casais cujos filhos já tinham saído de casa, a verdade é que o casal já não estava verdadeiramente unido como casal há décadas. Eles simplesmente estavam funcionando como aquilo que chamamos de Unidade de Apoio Paternal, ou uma UAP. Uma UAP é um estilo de relacionamento de casal em que foi feito, por inúmeras razões, um acordo implícito e inconsciente de concentrar-se excessivamente nos filhos e minimamente no casamento. Isso acontece às vezes porque ambos foram criados dessa forma, outras vezes os pais agem assim na esperança de que, caso se dediquem completamente aos filhos, consigam um dia preencher um vazio ou curar alguma dor de sua própria infância.

E o que acontece quando os filhos são realmente muito jovens? Em muitos casos, não exigem mais atenção do que o casamento? É claro que sim. Esse é um processo gradual. Mas as crianças não ficam pequenas para sempre. E mesmo pais de crianças muito ativas encontram meios de reservar um tempo para alimentar seu casamento. Há muitas formas de cuidar do seu jardim matrimonial.

Por exemplo, julgamos que as crianças devem dormir na sua própria cama. Como pode um casal, já esgotado por filhos, televisão, congestionamento, dois empregos, barulho, poluição e computadores, arranjar um tempo para cultivar seu relacionamento? Que tal aqueles poucos minutos toda noite quando eles exaustos, mas carinhosamente, sussurram um para o outro na confortável penumbra que envolve a privacidade de sua cama, enquanto se preparam para dormir para poder enfrentar um dia seguinte frenético? Isso não será possível caso você tenha uma criança em sua cama o tempo todo.

46　　As Sete Piores Coisas que os Pais Fazem

Mesmo que vocês sejam os pais de crianças muito pequenas, ainda assim podem arranjar tempo para cuidar de seu casamento. Acredite, é possível. As pessoas que ficam entusiasmadas diante da perspectiva da casa sem os filhos (assim que pararam de lamentar a saída do último filho) trabalharam para chegar a esse ponto. As pessoas do Instituto Nacional de Saúde Mental também fizeram isso. Você também é capaz disso.

Onde está a paixão?

Ah, a paixão, a química, a magia... Todos sabemos que se espera que elas deixem o casamento depois de alguns anos para serem substituídas por aquelas velhas palavras: companheirismo, apoio e amizade. Esses são elementos essenciais a um casamento maravilhoso. Mas a paixão, a química, a mágica e a sexualidade também. A psicóloga Catherine Johnson, em seu livro baseado em pesquisas sobre casamentos saudáveis, escreveu que as uniões mais felizes são mantidas por uma ligação sexual "poderosa e duradoura" — mesmo quando os parceiros não têm conhecimento pleno disso. E então, como você lida com isso?

A maior parte do que aprendemos enquanto estamos crescendo permanece abaixo do nível consciente. Apenas absorvemos os ensinamentos por estarmos imersos na família. Isso significa que todos nós aprendemos as lições de nossas próprias famílias. Talvez Mamãe sempre tenha preparado o almoço e Papai costumava dar um dinheiro extra, por fora da mesada. Se assim foi, essas coisas pareciam normais para nós. Essa é a forma pela qual aprendemos nossas lições. Por exemplo, algumas pessoas precisam aprender como cultivar seu casamento, enquanto outras terão aprendido isso na infância, simplesmente por estar naquela família e acompanhar o casamento de Mamãe e Papai.

A maioria dos terapeutas de família sabem que a sexualidade e a paixão estão tramadas com o tecido familiar. James Maddock e Noel Larson, psicólogos do St. Paul, escreveram que "a sexualidade é um

As Sete Coisas

aspecto fundamental da existência humana. É uma das dimensões básicas da experiência humana, e portanto da vida familiar" (p. 51). A sexualidade não se refere apenas à reprodução. A paixão não está ligada apenas ao relacionamento sexual. Ambas estão ligadas a uma energia subjacente que permeia a família, ou à falta dessa energia na família. Isso não quer dizer que pessoas barulhentas e impetuosas são cheias de paixão saudável, ou que pessoas caladas não o são. Isso não tem nada que ver com introversão e extroversão, ou com estardalhaço e tranqüilidade. Está ligado a energia. Há muitas pessoas calmas e pensativas cheias de paixão e sensualidade, e há pessoas exuberantes que não são, e vice-versa. Tem que ver com energia, paixão, objetivo, desenvolvimento, determinação, força vital e o desejo de viver a vida completamente. A paixão pela vida é tramada no substrato das famílias saudáveis, estando ausente ou insuficiente nas famílias perturbadas.

Essa paixão pode aparecer como desejo de nos expressarmos pelas diversas formas de arte que produzimos, por meio de nosso relacionamento como pais, ou por nossas pesquisas científicas. É nossa confiança em nós mesmos e nossa paixão pela vida que ressaltam e nutrem nossa sexualidade. Quando as pessoas estão deprimidas, consumidas, exaustas, assustadas umas com as outras ou com seus próprios sentimentos, então fica difícil viver uma sexualidade saudável, equilibrada e aberta. Quando nos sentimos capazes, relaxados e abertos aos mistérios da vida, então nossa sexualidade é descontraída, apaixonada e equilibrada.

Você pode perguntar: "Mas o que acontece a um casal cujos filhos não querem ir para a cama num horário regular?" Se você estiver cultivando seu casamento e também criando uma estrutura para seus filhos, então eles terão um horário estabelecido para se deitar, porque você sabe que isso é bom para eles e para você. Eles não vão fazer barulho, chorar e fazer beicinho. Simplesmente irão para a cama. Se eles não forem, então mantenha a porta do seu quarto trancada. Eles logo imaginarão que Mamãe e Papai têm uma vida própria além daquela que levam com os filhos. Há exceções, como quando uma criança pequena está doente? Sem dúvida.

Pais: os executivos do sistema

Todas as regras inconscientes para viver e interagir numa família emanam dos executivos do sistema — os pais. Se houver apenas o pai ou a mãe em razão de morte do outro ou abandono, então todas as regras provêm do progenitor que restou e dos outros adultos que estão presentes regularmente na vida da criança. Se você cresceu sentindo vergonha de suas lágrimas, é porque aprendeu isso em algum lugar. Se cresceu posicionando-se sempre na defensiva, briguento e desafiador, você aprendeu isso em algum lugar. Se você cresceu observando que as crianças ocupam sempre o primeiro lugar, então você precisa ficar atento para evitar que seu casamento se torne uma das unidades de apoio paternal. Como os pais, num sistema familiar, estão sempre instruindo os filhos com regras sobre como viver e interagir um com o outro, com a família e com as pessoas fora do ambiente doméstico, damos todo o apoio aos nossos clientes para que explorem e se familiarizem com todas as regras que aprenderam. Nós os apoiamos principalmente na manutenção de, ao menos, uma pequena parte de suas vidas para eles mesmos.

Sinais em vocês de que não estão tendo uma vida matrimonial

Se você se perdeu e caiu nessa armadilha, a seguir enumeramos algumas coisas pelas quais você deve procurar. Quando você estiver minimamente preparado para fazer isso, pare no meio das ocupações do seu dia e reserve cinco minutos para refletir calma e silenciosamente sobre a condição de sua vida interior e de seu casamento/relacionamento. Você está satisfeito? Completamente? Com toda a capacidade? Emocionalmente presente? Quando pensa em seu relacionamento, o que você escuta vindo do seu subconsciente? Uma voz lhe diz que está na hora de você e sua mulher planejarem umas feriasinhas antes que seu casamento comece a murchar? Ou diz: "Acho que vocês precisam ir ao cinema só os dois, hoje à noite"? Talvez ela lhe diga: "Vamos, desligue a televisão hoje à noite e fique conversando com ela sobre o que fizeram durante o dia". Lembre-se, também, que um dos melhores indicadores da saúde de um relacionamento é a qualidade de sua vida sexual.

Você sabe que está em dificuldade quando não há lugar onde vocês dois possam ir em que não haja uma criança presente. Há crianças em sua cama, no seu banheiro, no escritório, no carro. Há sempre crianças em suas férias. Estão sempre com vocês quando saem para jantar. Estão sempre presentes. A palavra-chave aqui é "sempre". Uma expressão mais saudável seria: "grande parte ou, mesmo, a maior parte do tempo". Bons pais passam boa parte do tempo com seus filhos. Eles também ficam juntos e a sós tempo suficiente, sem crianças por perto, para manter o casamento.

Sinais em seus filhos de que vocês não têm uma vida matrimonial

Crianças que são criadas por UAPs têm certas características em comum que muitas vezes ficam evidentes. Em geral, mas nem sempre, elas são muito dependentes de vocês. Não é o tipo de dependência do chorão, daquele incapaz de fazer as coisas sozinho. É mais o tipo de criança para quem é difícil ir à escola, ou para o mundo exterior, ou que escolhe ficar em casa ou bem perto, quando teria outras opções. Ele pode dizer que está ficando em casa: "Porque eu realmente amo minha família e quero estar junto dela". É a criança que o chama de melhor amigo e que passa um espaço de tempo fora do normal com você, quando deveria estar lá fora fazendo amigos e arrumando companhia própria.

Às vezes isso aparece sem apresentar contornos definidos, como quando você está em algum lugar, e eles estão lá. Suas coisas são as deles. Quando ficam um pouco mais velhos, eles muitas vezes tomam conhecimento de detalhes de sua vida que deveriam estar reservados só para você. Sabem da condição de suas finanças. Conhecem suas esperanças, sonhos, medos e arrependimentos (ter conhecimento de parte disso não é errado). Em algumas famílias, os filhos sabem até mesmo sobre a vida sexual dos pais! Parecem ser especialistas no funcionamento interno de seu casamento.

Quando as crianças criadas por UAPs atingem a idade adulta, algumas vezes fazem isso com o coração dividido. Quando entram num relacionamento mais duradouro, não o fazem por inteiro. Algumas vezes, as lembranças de sua família original são mais importantes para essas pessoas do que o próprio companheiro, o que evidentemente causa muitos problemas. E se o casamento dos pais vacila, muitos desses adultos crianças sentem-se despedaçados, ou no meio da confusão entre os pais, ou ambas as coisas.

Como consertar essa situação

O que você faz caso suspeite que pode estar tendo um problema nessa área? Se conseguir identificar isso como um problema, então você já tem um começo. Dê uma boa analisada em seu relacionamento — seus pontos fortes e fracos, medos, esperanças e sonhos. Converse do fundo do coração com seu companheiro. Esqueça as regras invisíveis que dizem: "Você não é uma pessoa legal se partilhar seus sentimentos com seu marido", ou "Se falar a respeito dessas coisas problemáticas, você vai acabar com seu casamento". Deixe as lágrimas de alívio jorrarem com dor, raiva, solidão, medo e alegria. O renomado terapeuta sexual e psicólogo David Scharch escreveu que a intimidade "envolve o conhecimento básico de que você é um ente separado de seu companheiro, com partes ainda a serem partilhadas" (p. 102). Em outras palavras, compartilhar as dificuldades, mesmo que seja incômodo, pode aprofundar sua intimidade.

Perguntem a vocês mesmos quando foi a última vez que saíram sem as crianças. Digam um para o outro o quanto vocês se ressentem pelo fato de as crianças irem para o seu quarto o tempo todo e como vocês têm se sentido atormentados querendo falar a esse respeito, mas têm tido medo da reação um do outro. Conversem sobre o peso da culpa que os dois carregam, só com o pensamento de cortar um pouco do envolvimento de seus filhos com a vida do casal, ou quaisquer sentimentos que guardem, achando que magoaram de alguma forma seus filhos. Conversem a respeito disso. Pense na tênue possibilidade de que o que está lendo exatamente neste instante pode estar certo e que a maneira como você conduziu as coisas durante todos esses anos foi, de certa forma, um hábito inconsciente. Vale a pena a mudança, para todos.

Em seguida, sente-se e imagine como e quando você pode arranjar tempo para seu casamento. Algumas de nossas sugestões incluem:

1. Separar um tempinho, mesmo que seja de alguns minutos, para uma conversa de verdade.
2. Reservar no mínimo uma noite por semana para saírem.
3. Nem que seja por poucos dias, tirar férias, pelo menos uma vez por ano, sem as crianças.
4. Contratar babás competentes e qualificadas para os filhos de diversas idades.

Se o problema for dinheiro, lembre-se de que, para ficarem sozinhos, não precisam ir para o Havaí em vôo de primeira classe e se hospedar num apartamento com vista para o mar, num hotel cinco estrelas. Podem montar uma barraca no *camping* mais próximo. Se seus filhos ainda são bebês ou estão começando a andar, pergunte a si mesma por que eles ainda não ficaram com uma babá. Admitindo que a babá comprove sua capacidade, e que a saída irá fazer bem e não será uma maldade — o que ainda é muito possível descobrir —, saiba que é uma importante e salutar experiência de separação para eles, incluindo o momento da despedida, o choro quando o carro partir, o quanto vão se divertir com a babá e a surpresa, então, quando acordarem no dia seguinte e descobrirem que vocês dois, felizmente, estão em casa de novo. As crianças privadas de separações saudáveis, muitas vezes criam ansiedade de separação e falta de capacidade para criar relacionamentos confiáveis quando adultos.

É claro, você precisa se assegurar de que as crianças tenham um horário para ir dormir que seja mantido regularmente. Se as crianças forem mais velhas, então elas precisam acalmar-se depois de uma determinada hora — nada de televisão na sala a noite inteira, nem telefones tocando, ou amigos indo e vindo, depois que vocês já foram se deitar. Não deixe de investir numa fechadura para seu quarto. Instale uma fechadura na porta do seu quarto. Tranque a porta do seu quarto. Lembra-se da última vez em que vocês estavam fazendo amor sentindo que, a qualquer momento, um filho poderia entrar para perguntar onde você guardou o pijama dele, ou onde está o porta-jóias, ou para pegar um copo d'água, ou apenas para ver o que estão fazendo? Se já é suficientemente difícil manter um clima amoroso quando os filhos ainda são pequenos, é praticamente impossível fazê-lo sem trancar a porta. Mais uma vez, há exceções a essa regra, como no caso de uma criança estar muito doente.

E então?

Lembre-se de que o objetivo não é ir de um extremo ao outro. Não desculpamos negligência com crianças nem abandono, não importa a justificativa. Nossos filhos precisam de nossa presença nas apresentações de suas bandas, nos jogos de futebol, nas peças da escola e nos recitais de coral. Precisam de nós para levá-los ao médico e ao dentista. Precisam de nós para criarem um sentido de família e de que fazem parte de algo, para adquirirem um senso de companheirismo e de unidade. Precisam ter noção do que é um casamento saudável, como ele funciona, que problemas estão implícitos e de que forma resolver os conflitos.

As crianças também precisam ver que Mamãe e Papai têm magia e química correndo entre eles. Não, eles não precisam ver Mamãe e Papai se agarrando sexualmente na cozinha quando Mamãe chega do trabalho. Isso, na verdade, seria uma forma de abuso sexual. Mas perceber uma pista do que está lá — um brilho diferente nos olhos de Mamãe, uma piscadela do Papai, uma palmadinha no traseiro, um olhar, um beijo apenas um pouco mais demorado do que o tipo de beijo que as pessoas normalmente trocam, e aquelas noites especiais em que Papai e Mamãe se arrumam e saem sem os filhos — essas são as bases das imagens encantadas, inconscientes e românticas gravadas no cérebro de uma criança que permitirão ao futuro adulto valorizar a magia amorosa. Eles precisam perceber uma exclusividade no casamento dos pais, além da qual nenhuma criança pode passar. Devem perceber que Papai e Mamãe têm uma vida só deles.

5

Envolver seu filho em muitas atividades

Mais! Mais! Mais!

Já chegando ao século XXI, parece que a maioria dos pais de classe média decidiu que seria uma boa coisa morrer de tanto trabalhar — e, como boa medida, decidiram fazer seus filhos morrerem de trabalhar, também. Há muitos anos, o problema sexual mais comum entre os americanos tem sido a impotência ou a incapacidade de chegar ao orgasmo. A causa mais comum é a falta de desejo. Você pode estar perguntando a si mesmo: "O que isso tem que ver com a criação dos filhos?" Mas, mesmo indiretamente, uma coisa está relacionada à outra. A falta de desejo tem duas origens, uma é o triste fato de que muitos adultos estão demasiadamente empenhados e envolvidos com o trabalho. A outra, relacionada à primeira, é que o desejo e a intimidade sexual ocorrem no contexto da intimidade emocional. Mas é difícil ter intimidade emocional quando sua vida está ficando fora de controle.

Num artigo de dezembro de 1997, no *Star Tribune* de Minneapolis, Steve Berg escreveu que o novo *movimento pela simplicidade* "não implica abandonar a vida em sociedade ou miserabilizar-se. Em vez disso, sugere uma abordagem mais equilibrada da vida e a percepção de que os cidadãos são, ao mesmo tempo, beneficiários e vítimas de uma economia alimentada por um implacável direcionamento para o consumo — uma condição que os simplistas às vezes chamam de 'abundância'". *Beneficiário e vítima*. Aqui está o ponto de atrito. Não é inteiramente mau, mas com certeza também não é totalmente bom. Como psicólogos atuantes, estamos com nossa atenção aguçada para o impacto negativo da "abundância" em nossos clientes. As famílias tornam-se tão voltadas para o exterior, para produzir, ganhar, gastar e, então, ganhar mais algum para poder se preparar para o próximo *round* de despesas, que dificilmente sobra tempo para qualquer outra coisa. "Qualquer outra coisa" significa: família, prazer, risos, sentimentos, sexo, brincadeira, sonhos e até mesmo sofrimento, entre outros.

Para apresentar aqui um exemplo chocante do que queremos dizer, vamos dar uma espiada no começo de cada uma das sessões de terapia com nossos clientes. Nas nossas salas, à vista de nossos clientes, temos uma lista das emoções básicas que o ser humano experimenta. São todas emoções boas e saudáveis: raiva, tristeza, alegria, mágoa, vergonha, medo, culpa e solidão. No começo de cada sessão, fazemos o que é chamado de "checagem de sentimentos", que é, simplesmente, a oportunidade que cada cliente tem de refletir e observar o que está sentindo. Isso ajuda a pessoa a firmar-se no momento e prestar atenção em como se conduz interiormente. Parece simples, mas na verdade é uma das coisas mais difíceis que pedimos aos clientes para fazer, e com o correr da última década isso se tornou ainda mais complicado para as pessoas. Elas estão tão presas a prazos, metas, horários, reuniões, telefones, faxes e produção que muitas delas estão perto de um estado permanente de dissociação de seus sentimentos. "Dissociação" é apenas um outro modo de chamar o desligamento, o rompimento ou o esquecimento. Isso se tornou tão grave em alguns casos que as únicas respostas que um cliente consegue encontrar são "confuso", "insensível", "nada", "sinto-me bem" ou, muito freqüentemente, "não sei".

Se isso parece um exercício trivial, pergunte a si mesmo como seria possível para você ter qualquer coisa mais do que um relacionamento emocional muito superficial com alguém se você não é capaz de entrar em contato com uma ou com todas as emoções de sua lista. E se você for capaz de nos convencer, nós lhe daremos nossa casa e nossos automóveis, sem perguntar nada. Lembre-se, entretanto, que dissemos "relacionamento emocional", como um casamento ou uma ligação duradoura, uma amizade profunda ou um relacionamento pai—filho. Está vendo? É uma oferta artificiosa. Você não é capaz de ter um relacionamento emocional sem conseguir entrar em contato com suas emoções. Seria uma impossibilidade metafísica. Mas, ainda mais importante, milhões de pessoas perdem cada dia por serem tão pressionados que, mesmo se tivessem sido ensinados a expressar-se emocionalmente quando crianças, não teriam tempo ou meios para fazer isso agora. A falta de emoções significa ausência de intimidade. Falta de tempo para emoções quer dizer falta de tempo para intimidade. Falta de tempo para intimidade? Então pode se esquecer de uma família ligada emocionalmente. E, definitivamente, nem pense em ter uma vida sexual ativa, completa e maravilhosa.

Notas excelentes, uma vida não tão excelente

Então, o que *aconteceu* à família já entrando no século XXI? Muita quantidade, muita rapidez? Excessos? E não apenas sob o aspecto material. Atividades demais. Durante a etapa de perguntas e respostas de um seminário profissional que estávamos apresentando, uma psicóloga muito brilhante levantou a mão e disse: "O que dizer de todos os avisos que os colegas e os cursos secundários estão nos dando: que nossos filhos não vão conseguir entrar nas melhores universidades, a menos que tenham milhares de atividades extracurriculares em seu histórico?" Boa pergunta. Uma resposta com duas partes. Um bacharelando da Universidade Duke nos disse: "As universidades estão à procura de profundidade. Dois cursos paralelos feitos em profundidade levarão tão longe, senão mais longe, do que milhares de atividades diversificadas, dadas evidentemente para aumentar os créditos de uma pessoa". Duke está atualmente posicionada como uma das três melhores universidades dos EUA, segundo o *U.S. News e World Report*.

Segundo, com o passar dos anos, nossas vagas foram sendo preenchidas por jovens profissionais cujos pais ansiosamente os pressionaram, cada vez mais, para que atingissem um alto grau de excelência e de realização durante o secundário e a faculdade, adotando uma atitude extraída do medo imaginário de que: "Se meu filho não fizer o melhor e não for o melhor, sua vida será infeliz". Bem, eles são infelizes, tudo bem, não pelo desejo de serem os melhores, mas pela tentativa de excluir tudo o que é mais importante na vida. Daniel Goleman, em *Intelligence: Why It Can Matter More than IQ*, escreveu algo sobre notáveis pesquisas feitas em Harvard nos anos 40 e em Illinois, nas escolas secundárias, no começo dos anos 80.

Na pesquisa de Harvard, verificou-se que os homens que tinham tirado notas mais altas na faculdade eram menos felizes, menos adaptados, menos produtivos, recebiam um salário menor e ocupavam uma posição inferior quando chegavam à meia-idade do que seus contemporâneos que tinham tirado notas mais baixas. Dos 81 melhores alunos do secundário em Illinois, somente um quarto "estava no mais alto nível de gente jovem com idade comparável, na profissão escolhida", depois de dez anos, "e muitos estavam se saindo muito pior". Goleman citou Karen Arnold, professora de educação na Universidade de Boston: "Saber que alguém é o melhor da turma é saber somente que essa pessoa é excessivamente boa em suas conquistas segundo a avaliação feita por notas. *Não lhe diz nada sobre como ela reagiria diante das dificuldades da vida*" (p. 35; o destaque foi acrescido). Essa é a nossa resposta à mulher que queria saber sobre as atividades das crianças e a faculdade. *Você pode pressionar seus filhos até que eles se submetam, e então pressioná-los ainda mais, mas a única coisa que irá criar são adultos infelizes que podem chegar a ser moderadamente bem-sucedidos em suas carreiras, se tiverem sorte.*

A criança pode ser o pai do homem, mas os pais determinam como a criança vai se sair na vida. Pais que sobrecarregam os filhos criam: (1) crianças que também se sobrecarregam para preencher o vazio deixado por terem sido emocionalmente negligenciadas, ou (2) crianças que não ligam a mínima importância ao fato de serem bem-sucedidas ou não porque se sentem solitárias, magoadas e ressentidas por terem sido negligenciadas. Lembre-se de que o oposto de doentio é doentio.

Em vez disso, o que se deve fazer

1. PERGUNTE A SI MESMO SE SEU FILHO É EQUILIBRADO

Lembre-se dos extremos. Se você for um daqueles pais que não esperam muito dos filhos, então este capítulo não se aplica a você. A capacidade e, a partir daí, a auto-estima originam-se de lutas e esforços, não de mimos. Mas, se os seus filhos estiverem num furacão de atividades desde bem cedo de manhã até tarde da noite, então tente usar este simples padrão: *Se seu filho consegue tirar notas boas, faz bem três atividades, não fica doente a todo o momento (isso inclui doença emocional, como depressão, vícios e prender-se a ligações destrutivas), ainda arranja tempo para levar uma vida social tanto quanto para a familiar, e é capaz de estar em contato com as próprias emoções, então provavelmente está tudo bem com seu filho.*

Por outro lado, se seu filho fica doente com freqüência, não tem vida social nem jeito para isso, não arranja tempo para estar com a família, é insensível ou grosseiro — se qualquer dessas características estiver presente em seu filho —, então está na hora de uma mudança. Talvez um objetivo mais realista deva ser notas mais baixas. Talvez uma universidade menos puxada, uma faculdade ligada a uma comunidade ou uma escola técnica seja o lugar mais apropriado para ele. Para a sua paz de espírito, pergunte a si mesmo se consegue pensar em alguns grandes líderes, homens de negócio, inventores bem-sucedidos ou empreendedores que nem ao menos se formaram

60 — As Sete Piores Coisas que os Pais Fazem

num curso superior. Se não conseguir lembrar de nenhum, então vá a uma biblioteca, ou entre na Internet, ou converse com seus vizinhos, colegas, amigos ou professores de seus filhos ou com *qualquer pessoa*. Ou leia *Inteligência Emocional*, de Goleman. Você vai descobrir que há muito mais coisas que envolvem o sucesso, a vida e a felicidade do que tirar as notas máximas na faculdade ou freqüentar a melhor Universidade do país.

2. EXAMINE SEUS PRÓPRIOS VALORES

Olhar adultos lutando com o que é mais importante para eles não deixa de ser gratificante. Como muitos de vocês já aprenderam, a vida se mantém jogando a mesma lição diante de nós até que consigamos aprendê-la, e então temos que seguir para a próxima lição. Se a lição básica que temos de aprender agora trata de como gastar nosso tempo e nossa energia, então a vida vai pôr isso bem diante de nossos olhos, muitas e muitas vezes, até que tenhamos aprendido. Muitas pessoas estão lutando com isso agora. Trata-se de valores, daquilo que é realmente importante para nós. E o que é importante para nós fica muito evidente para nossos filhos, quer expressemos isso em palavras ou não. Eles percebem isso pela maneira como vivemos.

Todos nós precisamos alcançar o equilíbrio. Precisamos perguntar a nós mesmos se faz parte dos nossos valores dizer: "Vocês são muito importantes para nós. É exatamente por isso que precisamos trabalhar tanto quanto pudermos, porque queremos conseguir aquela lancha nova para o verão". Isso é o que Gregory Bateson chamou de laço duplo — se correr o bicho pega, se ficar o bicho come. Seus filhos não podem dizer: "Não queremos a lancha; queremos a sua companhia", por causa da expressão estampada em seu rosto e porque vocês falaram muito a respeito da tal lancha nova. Vocês conversaram tanto sobre isso, sem dúvida, que seus filhos não têm consciência de que as horas extras que você faz para pagar a lancha é o fator que está atrapalhando o relacionamento entre vocês. Seus filhos fo-

As Sete Coisas 61

ram seduzidos para acreditar, como você, que uma nova lancha trará a convivência que eles estão desejando. Mas não vai trazer, se você tiver que morrer de trabalhar para consegui-la. Assim, uma parte criança que há em você diz: "Odeio essa idéia da lancha nova", enquanto outra parte diz: "Essa lancha vai salvar nossa família". É uma armadilha traiçoeira.

Muitas pessoas acabaram por confundir amor com trabalhar demais para conseguir muitas coisas materiais, acreditando que essas coisas são tão essenciais para seu bem-estar que elas passam a viver literalmente para seus bens. Tudo o que tem a fazer é perguntar a si mesmo: "Se alguém estivesse tentando determinar quais são os meus valores seguindo-me por toda parte durante uma semana normal, o que descobriria?" Faça-se essa pergunta e, para seu bem e de sua família, permita a si mesmo ouvir a resposta.

3. EM PRIMEIRO LUGAR, FAÇA AJUSTES EM SI MESMO

Talvez a mais impalpável pitada de sabedoria que precisamos alcançar, se quisermos ser boas pessoas e bons pais, é o conhecimento de que a única maneira efetiva de mudar as coisas na vida de alguém é mudando a si mesmo. Você não pode obrigar ninguém a se modificar.

O que fazemos como pais é importante. Nós escolhemos o caminho que a família irá seguir. Você pode tentar forçar seus filhos a serem educados ou bem-sucedidos ou confiáveis ou a assumir riscos calculados, mas, se você mesmo não fizer essas coisas, vai nadar contra uma corrente que vai sobrepor-se a você. Pode conduzi-los para um determinado rumo ou convencê-los a se transformarem, mas não pode fazê-los tomar nenhuma direção duradoura, a menos que isso faça sentido para eles. O que faz sentido para os filhos é o que eles estão percebendo à sua volta. O que quer que você faça será o que eles farão, aquilo em que você acreditar será objeto da crença deles, o que você valorizar será aquilo a que eles darão valor. Sim, eles podem fazer exatamente o oposto, também.

Algumas pessoas são levadas a trabalhar demais por causa da onda consumista. Se o excesso de bens está consumindo muitos recursos e fazendo você trabalhar demais, o único meio para você restaurar a intimidade e o equilíbrio em sua vida familiar pode ser desfazer-se de parte de suas propriedades. Quando você e seu marido vendem sua casa de $300.000 dólares e compram uma de $175.000 (os preços das casas variam conforme o bairro, a cidade, o Estado, evidentemente), de maneira que você não tenha de trabalhar tanto para equilibrar as despesas, você estará mandando uma mensagem de peso para seus filhos. Eles vão resmungar, choramingar e fechar a cara por causa da mudança? Provavelmente. Eles sem dúvida vão atravessar uma versão em miniatura daquilo que você vai sentir — vergonha, a princípio, por estar diminuindo seu patrimônio, preocupação com o que os outros vão pensar, sofrimento pela perda de algumas comodidades que uma casa maior e mais cara oferece. Mas, se você e sua esposa fizerem pé firme nessa decisão e mantiverem o respeito pelos motivos que os levaram a isso, todos ficarão bem logo. De fato, todos se sentirão em melhores condições do que jamais imaginaram que fosse possível. E, no final, você terá tomado uma atitude corajosa sem paralelo, ao assumir compromissos com determinados valores e suas conseqüências, e tudo isso ficará guardado na memória de seus filhos para o resto da vida. Que presente mais valioso pode um pai dar a um filho?

4. CONVERSE COM SEUS FILHOS SOBRE A POSSIBILIDADE DE CORTAR ALGUMAS ATIVIDADES — SE ISSO NÃO FUNCIONAR, INTERVENHA

Essa é uma atitude muito honesta. Se você tem demonstrado exemplos de mudanças corajosas em seu estilo de vida, então não vai parecer ou sentir-se hipócrita diante dos filhos quando se sentar com eles e tiver uma conversa cara a cara, de coração para coração, sobre o excesso de despesas. Algumas vezes, crianças e adolescentes choram lágrimas de alívio quando alguém chega e diz: "Queremos

As Sete Coisas

falar com você sobre todas as atividades que pratica a semana inteira. Parece muito cansativo, e estamos preocupados". Quando você faz uma afirmação direta como essa, com a mensagem básica exprimindo sua preocupação com seu filho, ela contorna as defesas dele e vai direto ao coração. Uma pessoa que recebe uma mensagem como essa certamente vai se derreter.

Você pode achar reconfortante saber que, de acordo com nossa experiência, muitas pessoas que têm sérios problemas, como alcoolismo ou depressão, ficam realmente aliviadas quando lhes fazem diretamente a pergunta: "Você acha que tem um problema com a bebida?", ou: "Sabe, acho que você tem lutado com a depressão durante muito tempo. Você tem consciência disso?"

Diane Naas, uma amiga nossa que faz intervenções com profissionais para tratamento na área de dependência química, contou-me a história da intervenção mais rápida que ela já viu. Depois de muitas semanas de preparativos feitos com a família e os amigos, durante as quais eles ensaiaram o que dizer, como dizê-lo, onde deveriam se sentar e, em primeiro lugar, como levar aquele poderoso homem a tratar-se, o dia marcado chegou. Todos se sentaram na sala de conferências e se aprontaram. Estavam tão nervosos que mal conseguiam respirar. O chefe do homem visado — o diretor-executivo da organização — conduziu-o à sala de conferência com o pretexto de que tinham uma reunião de emergência para lidar com uma crise ligada ao trabalho. O homem entrou na sala, olhou à sua volta, para aqueles rostos ansiosos, amorosos, preocupados, assustados e muito determinados e disse, simplesmente: "Tudo bem. Estou pronto. Para onde vocês querem que eu vá, para que eu possa me tratar?"

Como psicólogos, um dos mais belos aspectos de nosso trabalho é ver esse tipo de coisa acontecer. Da mesma maneira, muitos sabem o que é melhor para si mesmos, ainda que não estejam prontos para fazê-lo. O que é notável nessas circunstâncias é que tantos só estejam esperando por alguém que se preocupe com eles e que expresse isso em palavras: "Sei que está se magoando", "Dá para ver que você está bebendo demais", "Estou preocupado porque você está dormindo muito pouco", ou "Queremos falar com você sobre todas as atividades que pratica a semana inteira. Parece muito cansativo, e estamos preocupados com você". Você pode falar assim diretamente com as pessoas que ama, e irá mudar a sua vida e a delas.

5. SIGA EM FRENTE, SEMPRE EM FRENTE E, ENTÃO, VÁ UM POUCO MAIS ALÉM

A diferença entre quem é bem-sucedido e quem não é se estabelece pela capacidade de ir até o fim com alguma coisa, depois que a novidade passou. Seguir em frente é o que acontece depois que tudo já foi dito e antes que qualquer coisa tenha sido feita. Ir até o fim é o verdadeiro bem da vida; a integridade de se conservar pondo um pé adiante do outro, mesmo quando gostaríamos de parar.

Por isso, quando chega um ponto em que seus filhos estão atingindo o limite físico e emocional, você precisa tomar conhecimento do problema e então ir adiante, sem vacilar. Primeiro, desligue a televisão. A televisão é uma das coisas que impedem a continuidade de qualquer coisa. Segundo, fique um pouco sozinho, voltado para si mesmo. Se ficar algum tempo verdadeiramente sozinho consigo mesmo — em oposição a estar sozinho e acompanhado de rádio, televisão, cachorro, jornal e a vizinhança espiando por cima do muro —, você vai ouvir coisas que irão ajudá-lo a ir em frente. Terceiro, saiba que isso vai doer, e então vai doer mais ainda, e quando você imaginar que o sofrimento acabou, ainda vai doer. E vai melhorar bastante, também. Dia após dia, vai melhorar. E, então, quando você pensar que vai sempre melhorar, fica pior. Nesse ponto, o seu compromisso com a perseverança será mais importante do que jamais alguém poderia imaginar.

Até que um dia não só vai melhorar como vai permanecer melhor, porque se tornou um *hábito*. Você e seus filhos ganharam vida novamente. Você e eles não se sentem doentes e exaustos o tempo todo. Vocês não se sentem mais dirigidos. Sentam-se todos juntos para jantar algumas noites por semana, ocasião em que conversam com calma e à vontade, sabendo que nenhum de vocês tem de correr para comparecer a alguma reunião ou atividade fora de casa. Você olha à sua volta, examinando a casa menor que já está praticamente quitada, e dá um suspiro de alívio, grato por ter conseguido sair do turbilhão que estava sugando o seu espírito. Você olha em sua agenda e percebe que *tem* tempo para sair de férias, ou mesmo tirar um ou outro fim de semana livre. Olha para seus filhos e vê, calmamente, que eles estão começando a descobrir quem são e o que querem da vida. Parecem mais saudáveis. Todos agem mais saudavelmente. Todos *estão* mais saudáveis. Parabéns.

6

Ignorar sua vida emocional e espiritual

Quando estávamos quase acabando este livro, Dean Ornish lançou seu novo livro *Love and Survival*, que focaliza os aspectos emocionais/espirituais do seu programa para reverter doenças coronarianas. É difícil expressar todo o alívio que sentimos quando as primeiras notícias sobre o programa de Ornish se espalhou pela comunidade profissional alguns anos atrás. Como ele aponta em seu mais novo livro, um grande número de excelentes pesquisas liga a qualidade dos relacionamentos com a saúde física. Mas é Ornish, um médico respeitável do Centro Médico da Universidade da California, em São Francisco — um estabelecimento médico bem-conceituado e tradicional —, que está agora declarando publicamente, e com o apoio sólido das pesquisas feitas para respaldá-lo, que *o amor faz uma diferença enorme para a saúde física*. Embora isso possa não lhe causar muita surpresa, tenha em mente que isso chega aos limites do bizarro na avaliação de muitos outros médicos e cientistas sensatos. Ornish observa que, numa exaustiva pesquisa na literatura médica, ele somente encontrou dois artigos entre nove milhões que incluem as duas expressões: "amor" e "doença cardíaca".

Para o alto da montanha e para o meio da confusão

Espiritualidade é uma concepção tão ampla, com tantos significados, que nos confunde uma hora ou outra. Embora seja uma questão já muito explorada, vamos chamar a atenção para o fato de que espiritualidade e religiosidade não são a mesma coisa, mesmo que muitas vezes estejam muito relacionadas. Nossa tendência é visualizar a espiritualidade como uma capacidade inerente a todo ser humano, como crescer, reproduzir-se, comunicar-se, pensar ou sentir. Evidentemente, alguns cientistas cabeçudos discordam dessa última afirmação.

Se você consegue aceitar que a espiritualidade é uma capacidade inerente a todos os seres humanos, a próxima questão é: "Capacidade para quê?" Para a transcendência? Para a existência num plano imaterial? Para comunicar-se com outros à distância de milhares de quilômetros ou mesmo anos-luz sem a ajuda de aparelhos? A lista é tão longa que preferimos reduzi-la um pouco. Gostamos de pensar na espiritualidade como (1) a capacidade de ter um relacionamento com alguma coisa além de nós mesmos, o que para alguns é um Deus pessoal e, para outros, é e = mc^2; (2) um sentimento que freqüentemente inclui um senso profundo de ligação com toda a criação; e (3) um sentimento de admiração e espanto, impossível de descrever, em relação ao Universo. Você provavelmente deve ter vivido esse terceiro aspecto da espiritualidade quando seu olhar se perdeu nas profundezas do céu noturno e percebeu que, ao mesmo tempo que era infinito e insignificantemente pequeno, você era também uno com o Universo.

A espiritualidade está intimamente relacionada à sexualidade, à humildade, à vergonha, à gratidão, ao amor e ao poder, entre outras coisas. As pessoas espirituais têm sabedoria, que elas traduzem em saber quando tentar modificar as coisas e quando não, o momento em que devem se render e quando lutar um pouco mais, a ocasião de brigar com o poder temporal e quando não fazê-lo. Sejam solteiras ou não, as pessoas espirituais assumem e comemoram sua sexualidade da forma como cada um de nós está ligado a toda a criação — é nossa força de vida, energia e paixão pela vida. Como a função da vergonha salutar é nos permitir tomar conhecimento de nossas limitações humanas e assim transcendê-las, a espiritualidade está intimamente ligada à vergonha, que por sua vez liga-se estreitamente à humildade e à gratidão, que são condições necessárias para nos tornarmos verdadeiramente poderosos.

Se observar a maioria das religiões mundiais, provavelmente vai perceber que a espiritualidade é expressada, vivida ou praticada de duas maneiras. Uma, é chegar ao proverbial alto da montanha e rezar; a outra, bem ligada à terra, é enfiar-se em meio à gritaria, confusão e desordem da humanidade. A primeira é muito fácil para a maioria entender. Ficamos sozinhos com nossos pensamentos, olhamos em direção ao céu e conversamos rapidamente com Deus. Pedimos a Ele que nos ajude a atravessar tempos difíceis, ou para cuidar de um amigo que está com problemas. As pessoas que fazem isso, incluindo os 20 por cento de ateus e agnósticos que rezam regularmente (de acordo com uma pesquisa feita pelo padre e sociólogo Andrew Greeley), estão certamente expressando sua espiritualidade.

Mas a outra forma de expressão da espiritualidade tem-nos levado, historicamente como seres humanos, a uma competição renhida pelo dinheiro. Achamos que nosso trabalho diário, além de ter dignidade e valor, é uma expressão de nossa espiritualidade — seja lavando pratos, programando computadores, operando corações ou prestando assistência aos doentes e moribundos nas ruas de Calcutá. A maioria entende os motivos que estão por trás dessa afirmação. Nós "captamos" o sentido. Será? Será que realmente sentimos e respiramos essa verdade com toda nossa alma no nosso dia-a-dia? Será que compreendemos por que um livro se intitula *Corte a Lenha, Carregue a Água* (porque dá ênfase às tarefas comuns ligadas à pessoa espiritual), ou por quê, no seriado *Karatê Kid*, o sr. Miyagi começa a treinar seu discípulo Daniel fazendo com que ele encere seu carro? Como em algumas sociedades as taxas de desemprego têm sido baixas durante muitos anos, um número grande de crianças de classe média e classe média alta ganham quase tudo o que desejam, e assim é compreensível que muitas delas percam sua ligação espiritual e vejam o trabalho como aviltante e sem importância. Esse senso distorcido dificulta às pessoas tornarem-se seres espirituais.

O antropólogo, católico e místico Teilhard de Chardin escreveu: "As profundezas da matéria são meramente o reflexo das elevações do espírito". Que afirmação adorável. Mas se você ganhou mais coisas do que qualquer um jamais necessitaria mesmo se vivesse cinco vezes, essa afirmação fica esvaziada. Muitos viciados lhe dirão que uma das coisas que mais os assustam e impedem que queiram se recuperar é o medo de que a vida se torne aborrecida. Quando você observa isso à luz do que foi dito antes, o significado desse posicionamento é que muitos viciados *irrecuperáveis* têm dificuldade para descobrir ou apreciar sutilezas e nuances. É preciso contar com muita profundidade para ser capaz de apreciar as pequenas coisas do cotidiano.

A dignidade, a sabedoria, a graça e o poder emanam da nossa ligação e do relacionamento que mantemos com os detalhes do dia-a-dia. Sim, é difícil permanecer espiritualmente centrado depois que sua casa foi destruída por inundação, terremoto ou tornado. Mas também é difícil conservar-se espiritualmente centrado quando você está preso no meio do trânsito, sentindo o ar poluído, pegajoso e quente de um dia de verão; ou quando está com dor de cabeça, seu pescoço está doendo, suas costas estão travadas e ainda tem mais cinco camisas para passar, ou mais vinte páginas para estudar, ou mais três visitas para fazer, e tudo o que mais quer na vida é poder ir para casa.

Como sabotar a espiritualidade
em onze lições fáceis

Tudo bem. Pode ir para o alto da montanha e rezar, ou pode cercar-se de outras pessoas e todos tentarem amar uns aos outros e, enquanto estiverem fazendo isso, vocês todos podem tentar cuidar do planeta e das criaturas que vivem nele. Isso é espiritualidade. Mas como já percebemos anteriormente, muitos parecem tão apressados e tão frenéticos para produzir mais quantidade com mais rapidez, que a verdadeira espiritualidade fica tão remota quanto as conquistas pelo Universo afora. Por isso, vamos enumerar alguns modelos comuns de espiritualidade que vemos os pais incentivando ou adotando.

1. SER HUMILDE NÃO É "LEGAL" (ARROGÂNCIA)

Não temos certeza de quando essa postura começou, mas, quando os pais têm vergonha de admitir que crêem em Deus ou que a ciência não tem necessariamente todas as respostas, os filhos aprendem que não é "legal" acreditar nessas coisas. Quando existe o desejo dos pais de freqüentar um culto religioso mas eles têm medo do que seus amigos intelectuais vão pensar, então, é claro, os filhos aprendem a mesma coisa. Ainda mais, quando os pais ficam envergonhados a ponto de não admitir sua vergonha, as crianças aprendem que a humildade e a gratidão são para os fracos, não para os poderosos.

2. NÃO SE PODE CONFIAR EM NINGUÉM ATUALMENTE (CINISMO)

O mundo se tornou mais complexo e mais compactado do que nunca. Pessoas de diferentes grupos, que antes se odiavam, agora se vêem trabalhando lado a lado em balcões de linhas aéreas, em hospitais e em canteiros de obras. Antigos inimigos e velhas ameaças são substituídos por outros, como se vê pelo medo de que terroristas usem armas químicas e biológicas. Nos Estados Unidos, o porte de armas alcançou tão trágicas proporções que é uma reação normal e saudável sentir ondas de suor nos invadindo quando inadvertidamente ofendemos outro motorista no trânsito. E, pelo amor de Deus, nunca pare seu carro no estacionamento ao ar livre de um *shopping*, sem antes olhar em volta para ver se não há nenhuma figura suspeita escondida atrás de outro carro, só esperando o momento certo de apontar uma arma para o seu rosto.

Pode ser parcialmente verdade que "as pessoas não são lá muito boas", mas também é verdade que há muitas pessoas que são *muito boas*. John Steinbeck captou a mágica da bondade humana em sua vívida descrição das pessoas que moravam em *Cannery Row* de Monterey:

> *Seus habitantes são, como disse o homem certa vez, prostitutas, cafetões, jogadores e filhos da mãe, incluindo todos nessa lista. Se o homem tivesse olhado para dentro de outras pessoas, ele poderia ter visto santos e anjos e mártires e homens puros, e teria incluído todos nessa lista.*

As pessoas são basicamente muito decentes. Ricos ou pobres, católicos ou judeus, homens ou mulheres, em momentos difíceis todos fazem o melhor possível. Sim, às vezes as pessoas não são nem um pouco boas, e se você resolver dirigir sua energia para lá, será isso que você vai ver. Mas é difícil ligar-se aos outros quando você os odeia ou tem medo deles, o que faz com que fique difícil ser espiritual.

3. NÃO HÁ TEMPO SUFICIENTE (MEDO OU AMBIÇÃO)

Se somos verdadeiramente os mais ansiosos e apressados conglomerados de seres humanos da história do mundo, isso não acontece porque trabalhamos demais, estamos exaustos e excessivamente ocupados? E não são esses sinais de muita ambição — quero cada vez mais, e o único jeito de alcançar isso é trabalhar cada vez mais? Ou são indícios da presença do medo — se eu parar de me ocupar à exaustão não terei o suficiente para viver ou para ser feliz? Como você poderá chegar ao alto da montanha e meditar, se não tem tempo para se barbear em casa e usa um barbeador elétrico dentro do carro, a caminho do escritório? Evidentemente, há outros motivos para algumas pessoas trabalharem tanto, como no caso da mãe ou do pai descasados que tentam criar e sustentar os filhos sozinhos. Estamos nos referindo apenas ao excesso de trabalho que as pessoas crêem que seja necessário, mas não é.

Se nós valorizássemos sinceramente o desenvolvimento espiritual, então teríamos de arrumar apenas um pouquinho de tempo para ficarmos sozinhos conosco e com o Universo. De vez em quando, aconselhamos nossos clientes a reservarem um pouco de tempo todos os dias para ficarem sozinhos e imóveis. Quando voltam na semana seguinte, muitas vezes eles nos relatam como a experiência foi reveladora e significativa. O que faz disso um desafio para muitos é que exige que não haja rádio, televisão, animal de estimação, jornal, livro, amigos, *video games*, nada, enfim, que possa interferir — apenas um tempo sozinho, em silêncio e sem interrupções.

Se acha que está muito ocupado para rezar ou meditar, lembre-se de que há pessoas que rezam o tempo todo. Você pode ficar preso no meio do trânsito, com a mão na buzina, raivoso, voltado para o caos reinante, e numa fração de segundo pode mudar tudo simplesmente prestando atenção à sua respiração, enquanto diz silenciosamente: "Obrigado por este dia". Durante o treinamento para a redução do *stress*, as pessoas muito ocupadas podem trancar as portas de sua sala durante cinco minutos, enquanto fecham os olhos e respiram cumprindo toda uma programação de relaxamento que os deixa aliviados e atentos novamente, não importa quão agitado o dia esteja sendo ou vá ser. No meio de uma cirurgia delicada, o médico pode pensar: "Senhor, ajude-me a fazer um bom trabalho hoje".

Os pais que reservam tempo para rezar ou meditar criam famílias em que outros sabem que isso é feito. Nessas casas, a espiritualidade é demonstrada, incentivada e apoiada. O comportamento dos filhos é admiravelmente previsível, desde que você tenha uma boa amostra do comportamento dos pais. Isso vale também para comportamentos privados, como rezar. Pais que são sinceramente humildes, gratos e devotos (em oposição aos que não são autênticos) criam filhos quase iguais a eles.

4. PRECISO SER FELIZ IMEDIATAMENTE — LUTAR É RUIM (IMPACIÊNCIA, IMATURIDADE)

A capacidade para valorizar e gostar da luta é de tal forma uma parte definitiva do ser humano competente que, no nosso entender, as pessoas que não valorizam a luta ficarão presas à infância até que consigam aprender a aceitá-la. Há também muita confusão em torno disso. Até que ponto é preciso lutar? E se meus filhos lutaram demais? Quando isso se torna excessivo? Não é bom afastar a luta tanto quanto for possível? Não seria melhor que eu dirigisse minha energia para outro ponto?

Lutar é estar vivo. Estar vivo é exercitar-se e expressar seu ser no mundo. E expressar seu ser no mundo é parte da espiritualidade. A ausência total de luta somente existe antes da concepção e, dependendo de sua crença, depois da morte. Lutar contribui para dar significado e valor à vida. Afastar toda a luta da vida de seus filhos impede que eles cresçam e também que eles vivam. Crianças que foram sistematicamente atendidas até em seus menores desejos muitas vezes se assemelham a zumbis. Parece que falta a elas espírito, energia e direção. Algumas vezes são bravas, assustadas, insatisfeitas e exigentes, e a responsabilidade é nossa quando isso acontece. Nossos filhos precisam que os deixemos aprender a lutar. Não merecem outra atitude de nossa parte.

5. SE CADA UM VIVE PARA SI — É MELHOR QUE EU FAÇA O MESMO (NARCISISMO, ISOLAMENTO E SOLIDÃO)

Erik Erikson sugeriu que os Estados Unidos foram construídos sobre uma base sociocultural que pulou o que ele considera o primeiro estágio do desenvolvimento humano: confiança *versus* desconfiança. Isso pode provocar surpresa, porque os americanos se orgulham de ser muito amigáveis e da rapidez com que se dispõem a ajudar um vizinho em caso de necessidade. Mas a intimidade tem muitos níveis. Enquanto estiver ajudando seu vizinho a construir uma garagem, pode ser que você não perceba que ele está deprimido ou tendo problemas conjugais. Você é aquela que está sempre na cozinha ajudando a dona da casa nas festas porque seu medo secreto impede sua interação com os outros convidados? Você tem algum tipo de relacionamento em que consegue partilhar seus sentimentos mais profundos com outra pessoa? Você ficaria terrivelmente chocada se descobrisse que seus vizinhos, aparentemente tão calmos, estavam preocupadíssimos com o filho adolescente? É bem possível conviver bastante com amigos e vizinhos e não ter a menor idéia daquilo que está realmente acontecendo na vida deles. Imagino que era isso que Erikson quis dizer.

6. SE VOCÊ NÃO PODE VER NEM MEDIR UMA COISA, ELA NÃO É REAL (CETICISMO)

Eis que surgem novamente os cientistas cabeças-duras, que o coração deles seja abençoado. O ceticismo pode ser uma boa coisa, como também o otimismo — até um determinado ponto —, e então o ceticismo começa a corroer a espiritualidade. Essa capacidade de se maravilhar e de se espantar com o Universo, a capacidade de apreciar as (ainda) desconhecidas partes do Universo, são características essenciais da espiritualidade. Talvez devêssemos dizer que o ceticismo inflexível é prejudicial para o espírito. Afinal, Jesus amava o incrédulo Tomé tanto quanto amava os outros apóstolos, e havia uma razão para ele ser um dos apóstolos.

Também é preciso lembrar que há mais de um modo de "ver". Às vezes, algumas decisões tremendamente infelizes partem de pessoas muito inteligentes no aspecto racional, mas que não têm muito contato com suas emoções, e que por isso decidem as coisas com apenas metade das informações de que dispõem. Duas pessoas observando a mesma interação humana podem interpretar o que está acontecendo de maneira muito diversa. O que é visto nem sempre é o que parece ser. Pergunte a si mesmo o que consegue ver com o coração tão bem quanto com sua mente.

7. QUE DIFERENÇA PODE FAZER UMA PESSOA? (INCAPACIDADE)

Quando Madre Teresa morreu em 1997, uma pequena mas barulhenta minoria criticou-a por não ter canalizado mais energia para aliviar as causas da pobreza, da doença e da fome do que simplesmente dar assistência aos doentes e moribundos. Mas é claro que uma pessoa como ela, que levou uma vida de trabalho autêntico, deixa uma mensagem permanente para cada um de nós: uma pessoa pode fazer uma grande diferença.

Alguns podem dizer que Nelson Mandela desperdiçou a vida *dele* por ter passado tanto tempo na prisão e que teria servido mais a seu país se tivesse cedido à vontade daqueles que o aprisionaram. Sim, é desanimador perceber um problema tão esmagador que não tem uma solução definitiva, no entanto, onde estaríamos sem homens e mulheres que tiveram fé, espírito e alma para prosseguir com vigor diante de tão terríveis desigualdades? Em primeiro lugar, o mundo todo estaria sob a dominação nazista. A paralisia poderia estar matando e aleijando milhões de pessoas. Poderíamos ainda pensar que o Sol gira em torno da Terra. Um homem ou uma mulher que tenham um objetivo e mantenham uma firme determinação *farão* diferença sempre, mas deverá ser espiritual para poder levar o trabalho de sua vida adiante. Sem espiritualidade, as pessoas se desencorajam e desistem quando surgem muitos obstáculos.

8. SE AS OUTRAS PESSOAS SÃO POBRES, ESTÃO DOENTES, EM DIFICULDADES OU MORRENDO, A CULPA É DELAS — NÃO É PROBLEMA MEU (NARCISISMO, EGOCENTRISMO, INCAPACIDADE DE AMAR OU SENTIR EMPATIA E COMPAIXÃO)

A maneira fácil para localizar essa barreira espiritual é chegar a ela de um ponto de vista puramente biológico. Somos animais sociais como os babuínos e os lobos. Falando cientificamente, isso significa que não teríamos sobrevivido uns sem os outros durante tanto tempo. Ao contribuirmos para um fundo comum com nossas inteligências coletivas, ampliamos nossa capacidade de sobrevivência. Uma pessoa é boa na construção de barcos feitos de troncos de árvore, outra é boa para determinar o curso de uma viagem pela observação do movimento das estrelas no céu, outra é boa na criação de coisas, e o outro nasceu para ser mediador, o que não é pouco numa viagem em alto-mar, rumo ao desconhecido, numa embarcação com recursos tão limitados.

Essa é a explicação científica. A espiritual é que somos criaturas empáticas, adoráveis, que são levadas por duas necessidades. Uma, é estarmos separados, para construirmos, produzirmos, conquistarmos e exercermos nossos anseios de criação. A outra, é nos unirmos social, emocional e espiritualmente uns com os outros, não só para nosso bem comum, mas porque faz parte de nossa identidade como seres humanos querer fazer isso. Quando uma sociedade está apenas sobrevivendo sob condições de fome prolongada, o que acontece com freqüência é que cada um luta apenas para si mesmo. Simplesmente não há recursos para as pessoas fazerem qualquer coisa que não seja defender a própria pele, com uma exceção. Pessoas que têm orientação religiosa e/ou espiritual são capazes de tomar decisões éticas, de prestar assistência aos outros, e agir dessa forma durante períodos mais longos e sob condições mais difíceis do que aquelas que não têm esse tipo de orientação. Qual é a função da religião se não a de nos ajudar para que nos elevemos acima de nossas limitações humanas e instintos animais? Todo ser humano passa pela experiência da perda, da tragédia e das limitações. Cada um de nós viverá momentos difíceis durante sua curta vida. Cada um de nós dolorosamente precisará de outras pessoas de tempos em tempos. As pessoas espirituais compreendem isso e aceitam esse fato.

9. QUANTO MAIS RÁPIDO, MELHOR; QUANTO MAIS, MELHOR (EXAGERO)

No livro *Democracy In America*, escrito em 1835, Alexis de Tocqueville descreveu os americanos como "sempre remoendo a respeito das vantagens que eles não possuem ... É estranho ver com que fervor os americanos perseguem o próprio bem-estar e observar o vago pavor que constantemente os atormenta de que não tenham escolhido o caminho mais curto que pode levá-los até ele". Os americanos orgulham-se de sua esperteza e inventividade. Lideram o mundo na exploração do espaço, na tecnologia da informática, na medicina e nos restaurantes *fast-food*. Trabalham durante muitas horas e também consomem a maior parte dos recursos mundiais, apesar de constituírem apenas 5 por cento da população mundial. Crescer em meio a esse tipo de abundância pode dar a uma criança um sentido deformado em relação ao resto da humanidade. Imagine como essa criança está fora da realidade. É quase como crescer na Disneylândia e não no mundo real. Ser criado em meio à abundância sem um senso de proporção em relação a isso pode causar na criança sentimentos de desagrado e infelicidade em vez de compaixão pelo resto da humanidade. Não é de surpreender que entre os americanos tantos acreditem que, quanto mais, melhor. Um ditado trágico que circula nos Estados Unidos diz: "Aquele que morre com mais brinquedos vence". Vence o quê? Como pode alguém com essa filosofia de vida ter desenvolvido qualquer tipo de espiritualidade? É difícil imaginar.

E quanto mais rápido *é* melhor? Certamente que em muitos casos é. Voar para São Francisco é melhor do que ir de trem. Ter o dente obturado com um aparelho movido por um motor de alta velocidade é melhor do que ser tratado com os lentos motores dos anos 50. Mas passar rapidamente por uma lanchonete e dar cabo de um hambúrguer enquanto segue por uma auto-estrada é sua idéia de uma experiência estética? Ou será uma experiência estética e até mesmo espiritual saborear uma refeição com sete pratos, preparada e guarnecida com arte, comida lentamente e acompanhada de uma conversa agradável, entre velhos e queridos amigos? É melhor ler a versão condensada de uma grande obra literária, ou será que você vai estar perdendo algo se seguir esse caminho? Certamente deve existir algum valor em, vez por outra, consumir algo passando por todos os seus dispositivos de câmera lenta ("os cinco sentidos"), saboreando-o, em vez de apenas despejá-lo por uma série de orifícios existentes em seu crânio.

10. DIVERSÕES SÃO MELHORES DO QUE SENTIMENTOS (VÍCIO, MEDO DE INTIMIDADE, INCAPACIDADE DE VIVER A VIDA EM SUA TOTALIDADE)

Freqüentemente se diz que temos uma cultura que leva ao vício. Quando se examina além das origens bioquímicas para o vício, o que se encontra são as origens emocionais e sociais. Os vícios começam como uma forma de entorpecer sentimentos inquietantes. Não há nada basicamente errado com o fato de ir à noite para casa depois de um dia particularmente tenso no trabalho e então distrair-se diante da televisão ou beber um drinque mais forte. Existe uma razão para nossa mente se distrair. As diversões nos ajudam a evitar uma sobrecarga. O problema começa quando a distração ocasional para dias difíceis passa a ser uma rotina. Uns poucos drinques mais fortes, tomados algumas vezes por ano, passam a ser muitos e bebidos regularmente — ou se transformam numa grande bebedeira, uma vez ou outra. De repente, as duas horas diárias diante da televisão distraidamente passam a ser muitas horas.

Imagine, se for capaz, a espécie de intimidade que existe em uma casa onde praticamente todos os membros da família assistem à televisão compulsivamente. Pense na quebra de intimidade que ocorre quando alguém da família está um tanto "alto" o tempo todo, qualquer que seja a dependência química com que esteja envolvido. Qual é a diferença no momento de interagir com essa pessoa? Ela pode argumentar que está apenas um pouco excitada e que fica mais simpática e engraçada quando está assim. Mas não é diferente? As pessoas que vivem com quem está sempre um pouco "alto" vai lhe contar que é muito diferente, e que elas ficam enlouquecidas porque a diferença é tão sutil que o viciado pode continuar argumentando que está em boas e não em más condições.

Um vício é algo que bloqueia os sentimentos sistematicamente. Como é impossível bloquear um sentimento sem afetar os outros, isso significa que a vida emocional de uma pessoa viciada é embotada e distorcida. A intimidade mais profunda entre as pessoas exige uma ligação emocional, portanto um vício bloqueia a intimidade. Os viciados freqüentemente dizem que o vício os torna *mais* íntimos porque os deixa mais relaxados, ampliando seus horizontes, ou fazendo com que se sintam mais à vontade no convívio social. Mas isso tudo só é verdadeiro num nível muito superficial. Interagir com uma pessoa quando ela está sob o efeito de alguma droga só permite um relacionamento superficial. Por isso é tão desagradável e vazio quando você está numa festa em que todos, menos você, estão bebendo ou usando alguma outra substância química. Todos acham que estão muito próximos e íntimos uns dos outros, mas na verdade não estão, e só você sabe disso. Eles poderão descobrir isso no dia seguinte, quando se sentirem envergonhados ou não puderem se lembrar de toda aquela "intimidade", mas daí a festa já terá acabado.

Se a espiritualidade exige a capacidade de relacionar-se com outras pessoas e de ser capaz de apreciar e de se deter diante do inexprimível que constitui o Universo, então é claro que o fato de estar drogado certamente vai interferir com a espiritualidade de uma pessoa. Usamos muitas vezes o exemplo de um tornado dirigindo-se diretamente para a casa do viciado. O drogado agita desafiadoramente o punho em direção ao tornado e grita: "Afaste-se da minha casa", e em seus delírios narcisistas de grandeza e poder ele realmente acredita que irá salvar sua casa. A pessoa espiritual que mora na casa ao lado olha para o tornado, diz para si mesma: "Isso é mais forte do que eu" e então vai procurar abrigo no porão. Depois que o tornado passa, destruindo as duas casas, a pessoa espiritual sai do porão e vai procurar o corpo do vizinho drogado para lhe dar um enterro decente.

Viver a vida em sua totalidade, incluindo os sofrimentos e as desilusões tanto quanto as alegrias e os triunfos, é uma das dádivas fundamentais que o ser espiritual recebe. Permite aprofundamento e gozo incomparáveis. Permite-nos ser gratos pelo que temos assim como pelo que nos foi tirado, e assim sendo capacita-nos a ter alegria. Não conseguimos fazer nenhuma dessas coisas bem se estivermos sob o domínio de algum tipo de vício.

11. SE EU DEIXAR QUE OUTRAS PESSOAS VEJAM MEU VERDADEIRO "EU", ELAS IRÃO ME MAGOAR (MEDO DA INTIMIDADE)

Quando entrevistamos pela primeira vez um cliente, uma das perguntas que fazemos é: "Está satisfeito com o volume e a espécie de apoio que recebe em sua vida?" À medida que as pessoas progridem no processo de terapia, uma das mudanças mais significativas que ocorre é o aprimoramento da capacidade de aprofundar a intimidade. Deixando de lado todos os jargões, isso significa simplesmente que eles são capazes de partilhar com os outros partes cada vez mais profundas de si mesmos, sem perder a identidade no processo. Um dos paradoxos eternos da experiência humana é que aquilo que mais desejamos é também o que mais nos assusta: *as outras pessoas nos vendo*. Por razões óbvias, quanto mais partilhamos nosso eu com os outros, mais ficamos expostos à crítica e à rejeição, que são os equivalentes psicológicos de uma tentativa de agressão física.

A verdade é que, se você *realmente* deixar que outras pessoas vejam seu verdadeiro eu, *algumas vão* magoá-lo. Aí se estabelece o dilema. Se você proteger seu "eu" permanecendo fechado a outras pessoas, você vai estar de alguma maneira protegido contra o sofrimento, mas também vai ficar tão sozinho e solitário que vai acabar conseguindo ferir-se profundamente de uma outra forma.

Pense nas experiências que muita gente vive em grupos de terapia e de apoio. Quando uma mulher se senta em uma roda pela primeira vez com outras mulheres e declara: "Meu nome é Jill e eu tenho câncer no seio", alguma coisa espiritual ocorre entre essas mulheres que irá mudar todas elas para sempre. Quando um homem diz, pela primeira vez, que apanhou do pai quando era pequeno e chora lágrimas verdadeiras enquanto fala; ou quando o homem ao lado dele compartilha com os outros o fato de o carteado quase ter destruído seu casamento e sua família, você quase pode enxergar as ligações espirituais se formando, fortalecendo-se e então se aprofundando entre os membros do grupo. Se olhar mais de perto, quase consegue ver os raios de luz cruzando a sala e ligando pessoa a pessoa. Quando alguém assume o risco de dividir partes de si mesmo das quais tem vergonha ou medo, e se faz isso num ambiente seguro, alguma coisa indescritível acontece. É esse sentimento inefável de calor, ligação, alívio e paz interior que constitui a maior parte da espiritualidade.

Todos nós podemos subir ao alto da montanha e rezar sozinhos, o que é bom. Mas até que tenhamos assumido o belo e misericordioso risco de deixar outras pessoas nos "enxergarem", estaremos funcionando com apenas metade de nossa capacidade espiritual.

Ensine bem seus filhos

Muitos sabem o que podem fazer para ajudar os filhos a se tornarem mais espirituais, mas às vezes temos dificuldade para fazê-lo porque isso exige mudanças e comprometimento de nossa parte. Desenvolver mais humildade e confiança, reservar um tempo para viver, ensinar a apreciar o valor da luta e encarar nosso próprio isolacionismo, narcisismo, egoísmo, o medo da intimidade ou a raiva não-resolvida por excessos religiosos, tudo isso exige coragem, esforço e risco. Alguns tipos de depressão clínica são mais bem tratados com medicamentos, mas encarar a vida com realismo e esperança exige que cresçamos, e crescer também é muito difícil.

É fácil dizer que muitos pais são tão imaturos atualmente que é como se crianças estivessem criando crianças. Mas isso sempre foi verdadeiro até certo ponto, e sempre será, porque nenhum de nós jamais será completamente maduro ou saudável. A questão é: "Quem é suficientemente adulto para criar filhos?" Uma pergunta melhor é: "Como eu posso amadurecer mais e quando estarei pronto para fazê-lo?" Uma das descobertas mais felizes que fizemos durante esses anos é que nunca é tarde demais para que um pai se arrisque a crescer mais um pouco, e, se ele assumir esse risco, o impacto dessa atitude sempre vai refletir-se positivamente nos filhos. Dizemos isso reconhecendo que é arriscado dizer "nunca" e "sempre", mas temos visto tantos resultados positivos em tantas ocasiões, passando por idades, estágios e circunstâncias tão diferentes, que é um risco bastante seguro que assumimos.

7

Ser o melhor amigo do seu filho

Sem mão firme, sem pulso...

H. Jackson Brown, o autor do *best-seller Life's Little Instruction Book*, escreveu um outro livrinho baseado em grande parte nos sábios ensinamentos de seu pai. Um exemplo de *A Father's Book of Wisdom* é mantida na sala de espera de nosso consultório, e já ouvimos inúmeros comentários positivos das pessoas que o folhearam. Uma das citações diz mais ou menos isso: "Os pais são camaradas hoje em dia porque não têm pulso para serem pais" (p. 95). Essa é uma citação de peso, e bastante interessante; muitas pessoas que a leram simplesmente balançaram a cabeça em silêncio, concordando com ela. Quando homens e mulheres estão em nosso consultório fazendo terapia, parte do trabalho difícil que eles enfrentam consiste em extrair todas as implicações e nuances que uma citação como essa pode carregar. Os pais sabem que há uma dose de verdade nessas palavras, mas nem sempre têm certeza do que elas significam na prática.

A saúde do relacionamento entre pais e filhos não é particularmente fácil de ser definida, um fato que ainda é mais complicado pela notável diversidade entre os estilos de relacionamento pai-filho nas diversas culturas. Se não houvesse mais nada, seguramente poderíamos dizer que os seres humanos são adaptáveis e têm um poder de recuperação tão rápido que qualquer estrutura de relacionamento pode ser salutar, dentro do razoável. Em algumas culturas, os bebês são deixados no berço durante mais tempo do que em outras. Há sociedades em que ritos formais de passagem transportam as crianças de um estágio infantil para o próximo; em outras, ainda, parece não haver ritos de passagem. Os psicólogos infantis provavelmente irão debater a questão de estilos universais e saudáveis de relacionamento pai-filho pelo tempo em que sobrevivermos como espécie no planeta. Mas não é preciso dizer que não existem linhas mestras definitivas que devam ser seguidas.

Por que tantos de nós balançam a cabeça em sinal de aprovação quando lemos uma citação como a de Brown, que mencionamos anteriormente? É preciso que ela encontre eco, de alguma maneira, em nossas observações pessoais sobre as crianças, particularmente as americanas. Isso vai ao encontro de quê? Acreditamos que isso bate profundamente com uma preocupação que corrói muitos de nós e que se relaciona à dissolução de limites entre pais e filhos. Teóricos dos sistemas familiares, como Salvador Minuchin, chamam a atenção para o fato de que, em famílias saudáveis, há um limite superpermeável entre pais e filhos, de forma que, embora eles estejam ligados uns aos outros intimamente em alguns aspectos, eles estão separados em outros. Em resumo, numa família saudável, alguém está sempre no comando. Quando os limites começam a se desfazer, o resultado é o caos emocional.

Caos ou isolamento *versus* conforto e segurança

Aqui apresentamos um outro exemplo de como o ato de examinar os extremos de uma série pode ajudar a nos tornarmos melhores pais. Quando pais e filhos têm um limite muito tênue entre eles, o resultado é o caos. Quando há limites muito rígidos entre pais e filhos, o resultado é o desligamento e o isolamento. Nenhum deles é saudável. Quando os limites entre pais e filhos são claros e flexíveis, o sistema funciona muito melhor. Em algumas famílias, o objetivo maior da terapia é restaurar esse limite entre gerações para que as crianças possam se sentir à vontade e seguras enquanto ainda têm espaço para crescer.

CAOS EMOCIONAL

Se você acha que o caos emocional pode ser um problema, você está certo. Por que poderia surgir o caos emocional, se o pai ou a mãe tentam ser camaradas dos filhos? Olhe à sua volta. Como fica uma sala de aula quando a professora tenta sempre ser "a amigona"? Você sabe. Estamos falando da professora que está realmente perdida e desestruturada, e que valoriza mais a condição de ser amiga dos alunos do que o fato de ensiná-los e demonstrar liderança. Parece muito bom a princípio, não é? As crianças ficam entusiasmadas com esse relacionamento tão próximo que estão tendo com um adulto, que faz com que eles se sintam especiais e até mesmo poderosos. Passadas algumas semanas, alguns dos estudantes começam a ter dúvidas sobre tudo isso. Parece que ninguém é responsável e as atribuições não são claras. Se uns poucos alunos contestam uma tarefa, o professor leva um tempo fora do normal para "processá-la" com eles na tentativa de manter todos contentes. Logo, logo, os alunos tomam conta da classe, e cria-se o caos.

E no ambiente de trabalho? O que acontece quando o vice-presidente, o gerente ou o supervisor têm como objetivo ser seu camarada? A mesma coisa. No começo é uma maravilha. Todos se sentem muito íntimos, tudo parece muito caloroso. Uma família grande e feliz. Sob essa espécie de administração, o que acontece depois que passa a novidade é o mesmo que ocorre na sala de aula. As pessoas não sabem o que se espera delas. Não sabem como estão sendo avaliadas. Todos se sentem bem até que surja um conflito, e então um punhado de gente se sente apunhalado pelas costas pelo sr. ou sra. Simpatia. Isso acontece porque é impossível agradar a todo o mundo. Você quer que seu projeto continue e seus superiores não. O capital disponível vai ser retirado. Mas seu supervisor precisa ser o Cara Legal, e então ele nunca lhe diz isso diretamente, esperando em segredo que você ouça as más notícias ditas por alguém mais. Quando acaba sabendo disso por outra pessoa, você sente como se seu supervisor tivesse passado você para trás, mesmo que ele não tenha feito isso, apesar de ser mais provável que ele tenha mesmo agido assim, porque ele não conseguiu ser claro com você, com medo de sua reação.

As crianças não só precisam de uma estrutura como a desejam. Elas não sabem como pedir por ela diretamente. Em sistemas frágeis, elas também são seduzidas pela falta de estrutura. Elas se acostumam a isso, embriagadas com a liberdade, e então não conseguem libertar-se do volume de poder que adquiriram. O dilema final para pais e filhos quando surge a questão é que todos querem ser amados porque se amam uns aos outros ao mesmo tempo que todos precisam de estrutura. Certamente não é tarefa das crianças fornecer a estrutura e, num nível de certa forma inconsciente, as crianças sabem disso. O resultado não é muito bom.

ISOLAMENTO E DESLIGAMENTO

No outro extremo estão as famílias em que os pais se mantêm tão afastados dos filhos que há pouca ligação ou calor entre eles. Nesse caso, estão incluídos os pais que são rigorosos, rígidos, inflexíveis e autoritários, assim como aqueles que são simplesmente muito desligados. Desse último grupo fazem parte as estereotipadas famílias ricas em que as crianças são criadas por babás e enviadas para o colégio interno ainda muito novas. Nossos clientes que foram criados nesse tipo de família descrevem muitas vezes seu relacionamento com os pais como se fosse igual ao de um empregado subalterno com o diretor-executivo de uma grande empresa — muito distante, muito formal e com pouco vínculo emocional.

Normalmente há poucas probabilidades de os pais se tornarem camaradas dos filhos nesses tipos de sistema. Mas também há pouca chance do relacionamento se desenvolver. Diferentemente do sistema de "camaradagem", num tipo de sistema rígido, as crianças sabem sempre o que se espera delas. Se o horário de dormir for nove horas, as crianças irão dormir às nove, mesmo que uma chuva de meteoros que só pode ser vista a cada cem anos vá ocorrer às dez, num sábado à noite, e Mamãe e Papai vão estar na rua para olhá-la com todos os outros adultos e crianças da vizinhança. Regras são regras, sem exceção. É o medo em relação à proximidade emocional e o temor em aceitar a face incontrolável do Universo que está subjacente a esse tipo de relacionamento entre pais e filhos.

O medo é uma emoção saudável que nos dá informações cruciais sobre a vida. O controle também é saudável até certo ponto, como em nossas tentativas de controlar o impacto do tempo construindo estruturas que mantêm os elementos climáticos do lado de fora. Se não tivéssemos medo de congelar até morrer nas regiões em que há neve, não nos daríamos ao trabalho de planejar a insolação da casa e nem instalaríamos aquecedores. O controle exagerado indica excesso de ansiedade e medo, e assim, embora na superfície esse tipo de família seja muito ordeiro, a parte psicológica interior é caótica. Há muito pouca paz interior.

Se eles ficarem loucos de raiva, você não vai se despedaçar

A pergunta que ouvimos muitas vezes, assim que os pais começam a batalhar para restaurar os limites entre as gerações, é: "Como posso modificar meu relacionamento com meus filhos sem muito sofrimento?" Mudar é muito angustiante para as pessoas. Por outro lado, ninguém vai se desmantelar se tiver de mudar aqui e ali. E certamente não é de se estranhar que os filhos fiquem bravos com os pais quando eles dizem "Não". É natural ficar com raiva quando alguém se recusa a atender um pedido nosso. Nada mais normal.

Imagine que seu filho de 10 anos tenha passado literalmente o tempo todo com você, sendo seu camarada, até o ponto de não aprender a se relacionar com outras crianças. Suponha que você decida mudar isso. Digamos que você está indo para um lago nas vizinhanças para dar uma boa caminhada, em paz e sozinho, e seu filho começa a acompanhá-lo, mas você lhe explica carinhosamente que precisa de um tempo desacompanhado para refletir sobre várias coisas. Os sentimentos dele ficarão feridos, e então ele ficará bravo porque você o dispensou numa situação em que normalmente o incluiria. Você age como se tudo fosse normal. Ele continua a fazer beiço. Você segue com o seu dia. Ele fica mais emburrado. Finalmente, você explica a ele gentil mas firmemente que há momentos em que precisa fazer algumas coisas sozinho, que você compreende a braveza dele, mas que isso não vai mudar sua decisão, e, se ele continuar fazendo birra, vai ter de lhe pedir que vá para o quarto porque você não quer ser incomodado com suspiros e cara feia pelo resto do dia. Você prossegue normalmente na sua programação do dia. Ele sai e resmunga mais um pouco. Até que chega um momento em que ele percebe que você não vai se render diante de uma cara emburrada, e então ele se anima e decide que é melhor ir até a casa ao lado e ver se o garoto que mora lá quer brincar. Tudo isso é normal e natural. É desgastante para vocês dois, até que a mudança passe a fazer parte do sistema familiar? Claro que é. Isso significa que não deve fazê-la? Claro que não.

Você pode ter percebido que esse subtítulo enfatiza que *você* não vai se despedaçar se eles ficarem muito bravos com você. De acordo com nossa experiência, por trás do medo de que os filhos se sintam feridos com a mudança está o medo dos pais de que eles próprios não sejam capazes de lidar com o desgaste, mesmo que por pouco tempo, de ter de enfrentar a raiva dos filhos. Lembre-se de que as crianças não se fazem em pedaços quando os pais fazem mudanças com firmeza, gentilmente, devagar, mas insistentemente. Seus filhos não vão se despedaçar, mesmo que você tenha medo de que isso aconteça.

Exemplos de comportamento de "pai camarada"

Algumas vezes, a linha entre ser um pai amoroso e um pai camarada não é muito clara, portanto vamos dar uma espiada em alguns exemplos de situações problemáticas para algumas famílias. Você provavelmente vai perceber onde a confusão está instalada.

NO CLUBE DE CAMPO

Janie é a menina dos olhos do Pai, o que agrada ao Pai, a Janie e à Mãe, cujo pai a ignorava quando ela era menina. Janie vai a todos os lugares em que o Pai vai. O que ela mais gosta é de ir ao clube de campo com ele e agir como se fosse sua sombra enquanto ele joga bridge com os amigos. Ela se sente como uma rainha e é tão expansiva quanto dona de um charme encantador. Todos gostam de ter Janie por perto, especialmente os melhores amigos do Pai. Janie está agora com 11 anos, e isso já vem acontecendo há muito tempo. Essa situação tornou-se parte da estrutura familiar, aparentemente só apresentando aspectos benéficos. Quando ela entra numa sala, todos os olhos se voltam para ela, como no dia em que ela andou pela primeira vez e o rosto do Pai ganhou vida com um brilho celestial. As pessoas comentam como é forte o relacionamento dela com o pai, e suas amigas secretamente a invejam por toda sua energia, encanto e a atenção que desperta.

Qual é o problema?

Muitas pessoas nos perguntam o que poderia haver de errado em ser a Princesinha do Papai ou o Homenzinho da Mamãe. Parece um jeito tão natural de desenvolver a auto-estima de uma criança, e podemos pensar em exemplos de crianças desse tipo que realmente aparentam ter gigantescas reservas de auto-estima. Muitas vezes elas são bem-postas, confiantes, afirmativas, altamente realizadoras e o centro das atenções. E, então, qual é o problema? Se a vida se resumisse a realizações e autoconfiança, então não haveria problema.

Mas a vida também é feita de relacionamentos, profundidade e equilíbrio. Assim, vamos observar algumas áreas que parecem problemáticas.

Antes de tudo, enquanto Mamãe pode encorajar Janie e Papai a se relacionarem de modo tão especial "porque Mamãe teve um relacionamento muito infeliz com o próprio pai", o que realmente acontece é que Mamãe começa a ficar *justificadamente* enciumada e ressentida do relacionamento dos dois, porque esse passa a ser muito exclusivo e especial. Imagina-se que Mamãe deva ser a pessoa mais significativa na vida de Papai, não Janie. Mamãe entra na sala e pode ser que Papai preste atenção nela ou não. Janie entra animadamente na sala e pula no colo de Papai e ele sorri radiante. Mamãe quer passar uma tarde e uma noite com Papai porque eles não têm feito nenhum programa nas últimas semanas, mas ela tem de disputar com Janie a atenção de Papai; ou pior, Papai convida Janie para ficar junto deles. No final, esse arranjo não só dá a Janie um senso distorcido a respeito de si mesma, como também contamina sua relação com a mãe. Mamãe secretamente fica ressentida com Janie e passa a odiar a si mesma por se sentir dessa forma, o que causa um dano terrível em sua auto-estima. Mamãe e Janie têm, na melhor das hipóteses, um relacionamento tenso, o que lhes rouba a alegria que poderiam estar compartilhando.

Segundo, e se Janie tiver irmãos e irmãs? Então acontece a mesma coisa. Eles ficam secretamente ressentidos com Janie, mas vivem um conflito, o que os deixa interiormente agitados e confusos. Afinal, se eles sentirem ciúmes da Princesa em segredo, e o Rei descobrir, eles ficarão em pior situação do que já estão. E eles conservam-se na esperança de conseguir um pouco da atenção especial do Papai, mas, não importa o que façam, eles não conseguem. Por que não? Porque eles não são Janie. Se qualquer pessoa levantar essa questão com Papai e Mamãe, eles naturalmente se mostrarão chocados e incrédulos, dando exemplos e mais exemplos de como Papai e Mamãe tratam cada um de maneira especial. Mas, se Janie for verdadeiramente a Princesinha do Papai Camarada, não importa o que Papai faça, o estrago vai ser feito de qualquer jeito. Quando trabalhamos com adultos cujo irmão ou irmã era o Queridinho ou Queridinha durante a infância, invariavelmente uma boa parte da terapia vai se centrar na mágoa, no ressentimento, na culpa e na vergonha que se acumularam por décadas.

Terceiro, precisamos perguntar o que está acontecendo com Papai durante esse período. Ter um relacionamento especial com seu filho ou filha é comumente mais fácil do que ter um relacionamento especial com seu companheiro adulto, já que as crianças são mais vulneráveis e predispostas a amar porque são muito dependentes de nós. Se tratarmos um companheiro adulto com muito descaso durante um período longo, normalmente ele nos deixará. As crianças têm muito menos probabilidade de nos abandonar. Por isso, enquanto Papai está tendo esse convívio maravilhoso com Janie, alguma coisa dentro dele está sussurrando: "Isso não está certo. Você deveria estar passando mais tempo com sua mulher. Mas ela já é crescida. Chega a ser uma ameaça". Ou, se Papai estiver apenas compensando sua própria infância infeliz, então ele estará se enganando ao não encarar a dor e trabalhar nela. Na verdade, ele está usando Janie para evitar crescer mais um pouco, embora pudesse ficar chocado num primeiro momento ao ouvir isso.

Finalmente, Janie vai se machucar de algum modo particular que pode não se exteriorizar até que ela chegue aos 20 ou 30 anos. Ela passa pela escola básica, pelo secundário, pela faculdade, como a queridinha de todos. Segue para o mestrado novamente na condição de estrela. Os rapazes rastejam à sua volta porque a personalidade dela é muito contagiante, charmosa e agradável. Mas, quando ela entra na casa dos 30, surgem umas indicações sutis de que alguma coisa saiu errada. Até mesmo Janie começa a ter consciência disso, mas depois de ter vivido trinta anos no topo do mundo, a perspectiva de tomar uma vertente pessoal é muito difícil de encarar, e então ela apenas toca adiante a vida da mesma maneira como até ali. Os pais percebem que os homens com quem ela se envolve a tratam como uma princesa.

Ela sai com homens importantes que desfilam com ela como se Janie fosse um acessório, até que se cansam dela e a trocam por um modelo novo; ou ela sai com homens que a colocam num pedestal, o que compreensivelmente faz com que ela os despreze depois de pouco tempo. Fazer parte de um relacionamento adulto exige que a ligação se aprofunde, e, para haver profundidade, você precisa querer se enxergar profundamente. Aí é que reside o problema. Quando chegar o momento em que Janie, depois de atravessar uma década ou quase isso de amores infelizes, vai se sentir pronta para aprofundar-se nessa dinâmica, será muito doloroso para ela tomar conhecimento do que aconteceu. Quando ela finalmente for capaz de "enxergar" e ter consciência do que a faz sofrer, Janie precisará encarar o fato de que ser muito especial é tão ruim quanto não ser suficientemente especial. E, é claro, seus pais não fizeram isso maliciosamente — eles pensavam estar fazendo o melhor possível. A ambivalência e a confusão interior que ela está vivendo são chocantes. Felizmente, se ela agüentar a dor por estar enfrentando esse modelo prejudicial, ela será capaz de ter um bom relacionamento amoroso algum dia. Mas não vai conseguir chegar a esse ponto, sem enfrentar cara a cara o problema.

O que fazer em vez disso

Se você ou seu companheiro tiver uma vaga suspeita de que a dinâmica do Homenzinho ou da Princesa começou, a primeira coisa a fazer é ter uma conversa calma e direta, mais ou menos assim: "Querido, você sabe, tenho sentido falta de ficarmos os dois, sozinhos. Você já sentiu isso também?" O outro vai precisar resistir à tentação de ficar na defensiva e desmentir o que você disse, e irá tratar de remoer isso durante alguns dias, e não apenas descartar a hipótese imediatamente. Ou, então, o marido pode dizer à esposa: "Realmente, sinto-me meio acanhado para dizer isso, mas é uma daquelas coisas que vão ficar atravessadas em nosso caminho se eu não disser alguma coisa, agora. Estou começando a ficar meio sentido com seu relacionamento com Timmy". A mulher tem de admitir, prestar atenção e estar aberta à possibilidade de que seu marido esteja levantando uma questão pertinente no relacionamento familiar.

É claro, se você não tiver certeza de que está sendo excluído, então diga o que for preciso e sugira que vocês dois se aconselhem com alguém que não vá apenas dar sua aprovação a tudo o que disserem. E, sem dúvida, todos nós sabemos como distorcer levemente uma história para que ela pareça melhor ou pior do que realmente é. Por isso, se forem pedir conselho externo, certifiquem-se de que a pessoa será objetiva.

Se você já tiver um relacionamento bem sólido, uma correção feita no meio do caminho não será uma experiência assustadora. Na pior das hipóteses, a situação vai ficar um pouco incômoda até que, em poucas semanas, a mudança tenha entrado nos eixos. E de que mudanças estamos falando? Se você detectar o problema no começo, há coisas simples como conscientemente tratar de prestar tanta atenção aos outros filhos quanto àquele Especial, ou garantir uma "escapada" regular do casal, sem a companhia de nenhum dos filhos. No exemplo do clube de campo, bastaria que o pai passasse a freqüentá-lo sozinho, ou com a mulher, e só levasse Janie quando outras crianças também fossem estar presentes e houvesse uma reunião especificamente familiar.

Ao fazer coisas que tornem seu casamento especial e que façam todos os membros de sua família se sentirem importantes, você vai livrar seu casamento, a Criança Especial e o resto de seus filhos de anos de confusão e sofrimento. Por favor, lembre-se de que essa mudança é incômoda e dilaceradora a princípio e que as crianças não vão se fazer em pedaços porque você impõe mudanças de vez em quando.

MAMÃE FAZ PARTE DA TURMA!

A sra. Thornton é ótima. Bill, seu filho adolescente, e todos os amigos dele passam um tempão em sua casa, em parte porque ela é sempre muito amigável, faladora e engraçada. O amigo de Bill,

Clarence, disse ao pai que a sra. Thornton, às vezes, "é como se fosse um de nós". Ela trabalha pela manhã numa firma que desenvolve programas de computadores e chega mais ou menos às duas e meia, assim pode ficar em casa, à tarde, com os filhos. Muitas vezes, ela fica com a cozinha cheia de adolescentes, para quem ela faz comida e com quem fica batendo papo. Os adolescentes adoram o fato de que ela brinca, caçoa e age mais como um deles do que como uma mãe "típica".

Qual é o problema?

Os adolescentes têm dois grandes ditados: "Viva sua vida!" e "Cresça e apareça!" Esse é o problema. Onde estão os amigos da sra. Thornton? O que ela está fazendo com a própria vida? Quando ela parou de crescer? Quando ela se senta em casa e espera pelo filho e pelos amigos dele chegarem para que ela possa ser amiga deles, o recado que ela dá, goste ou não, é: "Não tenho amigos. Estou muito assustada para fazer amizade com adultos. Estou com medo até de me situar em relação a esse problema. Não tenho mais nada para fazer quando não estou trabalhando". Isso quer dizer que ela nunca deveria estar em casa quando os filhos voltam da escola? Não se trata disso. É muito bom para as crianças saberem que alguém está à espera delas na volta da escola. Trata-se mais de como se dão essas interações depois da aula.

Nas noites de sexta e sábado, pais e mães que caíram nessa armadilha dirão freqüentemente coisas como: "Ah, você vai sair e se divertir com os amigos. Não estou me sentindo nem um pouco solitária. Tenho uma montanha de coisas para fazer hoje à noite [como passar *suas* camisetas e blusas, o que faz você se sentir ainda mais culpada]. Ver você alegre com seus amigos me deixa muito feliz [tradução: estou vivendo por seu intermédio]".

Nossos clientes adultos que viveram de acordo com esse modelo lembram-se de se sentir muito culpados e responsáveis em relação à mãe ou ao pai. Muitos deles preferiam ficar em casa às sextas e aos sábados à noite, dizendo: "Ó, sabe, Pai, eu realmente gosto de ficar em casa alguns fins de semana. Afinal, logo serei adulto e estarei fora de casa antes que você perceba". Soa bem, não é? Filho leal, livre de drogas e de grandes experimentos no campo sexual, ficando em casa, junto à lareira com os bons velhos, Mamãe e Papai. Exceto por uma coisa. Eles estão se enchendo de pena, ressentimento e culpa, mas não sabem como escapar. O único caminho é deixar você em casa com seu pobre "eu", ou ficar em casa e se ressentir disso. As crianças são como pequenas moléculas de ar que se expandem e preenchem todo o vácuo que encontram. Se sua vida é um vácuo, elas automaticamente tentam entrar nela e preenchê-la, não importa *o que* você lhes diga em contrário.

O que fazer em vez disso

A coisa mais simples para resolver esse problema é ter uma vida própria somada à sua com seus filhos e os amigos deles. Para alguns, é uma tarefa assustadora por causa da pouca idade das crianças, mas será bem-sucedida assim que você se decidir a realizá-la. Lembre-se de que, seja qual for o momento em que disser que não consegue fazer alguma coisa, ou que tal coisa nunca acontecerá, você não conseguirá agir e aquilo não acontecerá.

Pessoas que demoram demais para descobrir outros adultos com quem possam se relacionar, muitas vezes nos dizem que simplesmente não sabem como fazer ou onde procurar. Mas, se olharem à volta, verão centenas e centenas de pessoas. O problema não é falta de gente, é falta de não saber como se aproximar por medo de assumir o risco de começar alguns relacionamentos. Recomendamos que você comece por dizer a si mesmo: "Vou parar de contar com meus filhos para servirem como apoio *adulto* de que estou precisando, mesmo que meus filhos já sejam adultos. Meu primeiro passo será freqüentar lugares onde provavelmente irei encontrar outros adultos, mesmo que isso me deixe pouco à vontade. Minha meta inicial é apenas estar onde eu possa encontrar outros adultos. Vou continuar com esse objetivo em mente até me sentir à vontade e, então, vou me dedicar à próxima meta, que é criar amizades que durem".

Temos visto literalmente centenas de pessoas lutando com sucesso com esse problema. No princípio, não é fácil; afinal, ter medo de se magoar é um sentimento universal. Ficamos observando como um homem escolhe com quem se socializar depois da igreja, num domingo, pela primeira vez desde a infância. Nós incentivamos particularmente, como voluntárias, algumas outras mães a cuidar de crianças na escola. Ficamos contentes quando um casal se inscreve em aulas de dança de salão, sabendo que eles vão ter de se encontrar e interagir com outros adultos, e talvez, pela primeira vez em muitos anos, ficarem mais próximos um do outro. Há grupos que se formam para qualquer coisa, atualmente. Clubes de vinho, de fotografia, grupos de solitários, pais sem companheiros, divorciados, e até mesmo clubes para pessoas fascinadas pela arquitetura céltica do século X. Se tiver algum vício identificável, como alcoolismo ou consumismo, então vai encontrar grupos de auto-ajuda, principalmente nas grandes cidades. Em outras palavras, pegue-se pela mão e saia por aí.

Se você tiver tanto medo de se ferir que não consegue fazer nada do que foi descrito anteriormente, então vá fazer terapia de grupo. Uma boa terapia de grupo, conduzida por um terapeuta competente, é provavelmente o lugar mais seguro para aprender a arte do relacionamento, se suas necessidades e seus problemas forem adequados àquele grupo. Se você não for um candidato à terapia de grupo em função de seus problemas pessoais particulares, fazer terapia individual com um bom terapeuta é também um excelente meio de ir gradualmente entrando no mundo social adulto. Em nossos grupos de terapia de homens e mulheres, trabalhamos com algumas das pessoas mais interessantes, brilhantes e competentes que já encontramos. Você ficaria surpreso com o número de pessoas maravilhosas que deram outro sentido à sua vida ao participar de grupos.

POBRE PAPAI

Fred Thompson está casado com Helen há dezessete anos. Eles têm três filhos, com 16, 14 e 11 anos. Helen é a parte do casal mais estruturada e forte, e ela vem sofrendo intermitentemente de uma leve depressão durante anos. Ela tem acessos de irritabilidade que irrompem em manifestações de raiva com certa regularidade. Fred é o mais calmo dos dois, e ele tenta equilibrar os acessos negativos de Helen sendo muito flexível e camarada com os filhos. Ele nunca discute com Helen por seu comportamento, porque ele sabe que isso só vai deixá-la mais brava.

Algumas vezes, entretanto, os acessos de Helen tornam-se tão dolorosos que Fred discute o problema com seu filho de 16 anos, Alex. Certa noite, sentados em torno da fogueira, durante uma excursão que fazem anualmente às montanhas, Fred diz a Alex: "Algumas vezes me sinto tão frustrado e desanimado com o comportamento de sua mãe! Detesto dizer isso, mas às vezes gostaria de não ter-me casado com ela". Alex ouve com atenção e simpatia, porque ele sabe muito bem sobre o que o pai está falando. Ele sente emoções desencontradas, mas a que prevalece é o calor, a proximidade e a ligação com o pai. Ele se sente aliviado porque afinal alguém está verbalizando um problema que o aflige também. Ele se sente forte e crescido porque o pai está dividindo com ele seus pensamentos íntimos, de homem para homem. Ele sente raiva da Mãe por tornar a vida deles tão difícil, mas culpado também porque está ouvindo o Pai falar dela pelas costas. Acima de tudo, ele sente pena do Pai, percebendo que o Pai é tão bom e que é tão complicado viver junto de Mamãe. De todas as formas, é uma experiência emocional muito forte para Alex, e parece que foi bom para Fred ter finalmente desabafado com o filho, num ambiente tão especial para os dois.

Qual é o problema?

Nesse ponto, você provavelmente já percebeu a situação. O problema aqui é muito semelhante aos anteriores. Fred está *usando* Alex para alguma coisa. Por parecer bom num sentido, Alex fica seduzido pela situação. E, como o comportamento de Mamãe afeta diretamente Alex, existe um interesse especial acima disso tudo. Ponha-se na posição de Alex por apenas trinta segundos. Como *você* se sentiria se seu pai lhe dissesse que há ocasiões em que gostaria de não ter-se casado com sua mãe? É como se recebesse um soco no peito. Sente-se vivendo um conflito. O estômago parece estar dando nós, tem sintomas de ansiedade e sente-se tremendamente culpado. Afinal, só pelo fato de escutar Papai, você de certa forma está traindo Mamãe. É um quadro muito doloroso.

E se você estiver com 27 anos quando isso começa a acontecer? Com algumas poucas exceções, o problema permanece o mesmo, pelas mesmas razões. Você foi pego de surpresa, e se sente dividido. Só nos passa pela cabeça que esse tipo de situação pode acontecer obrigatoriamente no caso de Mamãe estar inválida, seja por estar sofrendo do mal de Alzheimer ou se ela estiver atravessando uma fase tremendamente negativa, com alguma forma de comportamento autodestrutivo, como dirigir bêbada ou tentar o suicídio. De outra forma, não é justo usar os filhos desse modo, porque a ligação assim criada entre você e eles é *muito intensa* e leva as crianças a ter todo tipo de problemas emocionais e íntimos mais tarde, quando forem adultos.

O que fazer em vez disso

Pais e filhos devem ter limites claros e flexíveis entre eles. Isso significa que há certos assuntos que só devem circular entre o pai e a mãe ou entre eles e outros adultos, não com os filhos. Fred Thompson está diante de uma situação desafiadora: A mulher que ele ama fica tomada pela raiva, e Fred passa momentos difíceis lidando com isso. Ele raramente a enfrenta com medo de deixá-la mais brava ainda. E, por isso, ele adotou o caminho da menor resistência, que ele imagina que seja o melhor. Ele decidiu ser "bom", e quando surgem as ocasiões em que ele envolve os filhos, inadvertidamente faz com que eles tomem partido só pelo fato de escutá-lo reclamando da mãe.

Evidentemente, Fred precisa dizer: "Não vou mais pôr meus filhos no meio da confusão, queixando-me da mãe deles. Vou desabafar com outros adultos da minha família e vou procurar ajuda para descobrir como lidar diretamente com Helen de outras maneiras que possam fortalecer meu casamento, em vez de abalá-lo". Se Fred enveredar por esse caminho, vai encontrar alguns trechos difíceis durante o percurso, pelo menos no começo. Ele provavelmente vai ter de enfrentar aquilo que o assustou logo de início e o impediu de enfrentar o problema, e então ele terá de tentar e praticar novas formas para fortalecer seu casamento. E apenas para assegurar que estamos sintonizados na mesma onda, lembre-se de que, para aqueles que ainda vêem os problemas em preto e branco e não em cores, podemos afirmar que há inúmeras alternativas que se situam entre o convívio por conveniência e o divórcio.

OS QUE ESTÃO SE RECUPERANDO DO VÍCIO

Susan e Tom são alcoólatras em recuperação que cresceram em famílias desajustadas. Susan viveu a experiência de apanhar fisicamente, com regularidade, durante toda a infância; Tom era criticado e desaprovado o tempo todo por seus pais. Os dois precisaram fazer um tratamento para livrar-se de dependência química mais ou menos na mesma época e já se conservam sóbrios por dois anos. Como parte de sua terapia de manutenção, eles têm examinado os problemas de sua infância, e isso os tem ajudado a separar o que aconteceu quando eles ainda eram crianças daquilo que escolheram fazer como adultos, no presente.

Como tudo isso ainda é muito novo para eles, e como estão começando a perceber como foram afetados pela infância que tiveram, a ansiedade deles, com medo de que os filhos sejam atingidos por um sofrimento familiar permanente, é muito alta. Na esperança de se livrarem do conflito entre gerações, eles dividem entusiasticamente com os filhos uma boa parte do que estão descobrindo sobre a própria vida deles. Sem nem mesmo perguntar, as crianças tomaram conhecimento de todo o histórico emocional dos pais. Aprenderam também como funciona o programa de sete passos para a desintoxicação, os perigos dos excessos e como reconhecer a co-dependência. Eles até mesmo falam de tudo isso entre eles agora, o que faz seus pais sentirem como se tivessem atingido algum objetivo.

Qual é o problema?

Antes de tudo, não são necessários tantos pormenores. As crianças não querem e não precisam saber tanta coisa. Em segundo lugar, sem perceber, ao dividir tantos detalhes com tanta freqüência, Susan e Tom estão transmitindo toda a ansiedade deles para as crianças, o que põe as crianças diante de um risco maior, não menor, de ficarem viciadas mais tarde. Terceiro, ao falar mais sobre a vida do que apenas vivê-la, eles não estão ensinando aos filhos o que é uma intimidade saudável. Eles poderiam ensinar muito mais coisas aos filhos apenas vivendo uma vida sóbria, cada vez com mais encanto a cada ano que passasse. Quarto, é uma violação dos limites entre gerações compartilhar muitos detalhes da vida dos pais enquanto as crianças ainda são muito novas. Quinto, fazer sermões a esse respeito apenas os afasta, o que também cria condições para que tenham problemas mais tarde. Quando precisarem de alguém para falar de seus problemas, o mais provável é que não procurem Tom e Susan por causa de todos os sermões.

O que fazer em vez disso

Ir para o extremo oposto não é a resposta. Esconder tudo dos filhos também não ajuda. Se Tom e Susan não bebem mais, o que deverão responder se os filhos *perguntarem* a respeito disso? Eles podem dizer: "Estamos nos recuperando agora, por isso não bebemos. Tínhamos perdido o controle da situação, assim paramos de beber e começamos a ir às reuniões dos AA. Estamos nos sentindo muito melhor agora". Basta isso. Tenham um pouco de fé, Tom e Susan. Não projetem sua ansiedade nos filhos. À medida que forem crescendo, eles vão ter a deles. O caminho a seguir, de fato, é se esforçarem para permanecer sóbrios e estar sempre preparados para responder às perguntas que os filhos possam vir a fazer. E eles provavelmente as farão, se vocês não os afastarem com sermões.

Lembrem-se de que nossos filhos não são nós mesmos. Eles são outras pessoas. Eles não estão tão interessados em nossos problemas quanto nós estamos. Quando se tornarem importantes para eles, se vocês forem abertos e deixá-los à vontade, eles perguntarão. Mas pode ser que isso só aconteça quando eles tiverem seus 20 ou 30 anos, talvez até mais tarde. Nesse meio-tempo, relaxem, tomem um bom copo de limonada gelada e admirem o pôr-do-sol. A vida é bela e, se assim for, seus filhos estarão bem. Afinal, as crianças aprendem o que observam e não o que é dito para elas.

8

Não dar estrutura
ao seu filho

Uma breve lição sobre estrutura

Sabemos, por meio da obra de gente como Jean Piaget, Erik Erikson, Jerome Bruner, Jane Loevinger e muitos outros, que as crianças adquirem estrutura interior e disciplina ao experimentar em primeiro lugar a estrutura *exterior*. A seqüência é muito simples. Primeiro, a estrutura exterior. A criança gradualmente interioriza a estrutura exterior. Então, a estrutura interior se forma. É tão fácil quanto contar até três.

Mas isso não é tudo. A estrutura interior é adquirida numa seqüência identificável e esse fato não passa despercebido no campo crítico do controle de impulsos. Assim, vamos explicar como funciona esse processo. Dois psicólogos russos, Luria e Vygotsky, passaram anos estudando como o discurso interior das crianças se desenvolve e como as crianças acabam por usá-lo no controle do próprio comportamento. Para explicar a teoria deles, David McNeill escreveu:

Todo controle é uma questão de seguir instruções, tanto exteriores como interiores. O autodomínio ou controle interior depende do desenvolvimento do discurso interior, e o discurso interior, por sua vez, deriva do discurso socializado. O autocontrole é, portanto, precedido geneticamente pelo controle exterior. (p. 1.128)

Isso é bastante fácil de se entender. Os pais dão orientações para os filhos do tipo: "Guarde os brinquedos na caixa" ou "Olhe para os carros antes de atravessar a rua". As crianças ouvem essas tentativas que são feitas para lhes fornecer estrutura e orientação. As crianças as ouvem mais vezes. Até que elas dão essas orientações para si mesmas. Aí está! As crianças podem controlar o próprio comportamento falando para si mesmas!

E então surgiu o psicólogo Lawrence Kohlberg, de Harvard, que dividiu o desenvolvimento do discurso individual das crianças em quatro estágios. No primeiro, o discurso individual das crianças não tem função de controle — consiste simplesmente de barulhos de bichos, brincadeiras com palavras, sons repetidos e assim por diante. Você sabe como isso funciona. Seu filhinho fica sentado no chão, brincando com um bloco de madeira que ele finge que é um avião. Ele imita o som de um avião. Você se desmancha e fica observando como ele é engraçadinho. Afinal, ele é seu filho, e você se entusiasma. Mas é claro que, em termos de linguagem dirigindo o comportamento, não há nada desse tipo acontecendo nesse momento. Durante esse estágio, a linguagem das crianças não tem controle sobre qualquer tipo de comportamento que elas tenham. Estão apenas praticando produzir efeitos sonoros para se divertir.

No estágio dois, as crianças falam alto, mas apenas se referem a objetos inanimados ou descrevem o que estão fazendo, por exemplo: "Estou pulando para cima e para baixo! Estou pulando para cima e para baixo!"

No estágio três, as crianças também falam alto, mas seu discurso, finalmente, tem uma função controladora. Esse é um estágio crucial no desenvolvimento das crianças, e é, esperamos, saudado com animação e entusiasmo pelos pais. No momento em que observar e ouvir seus filhos usando esse tipo de discurso, fique ciente de que está testemunhando um dos milagres do desenvolvimento humano, porque o que está acontecendo é que seus filhos estão começando a controlar o próprio comportamento usando a linguagem como meio para isso. É o começo de algo profundo. O que você vai observar, por falar nisso, é seus filhos dizendo coisas em alto e bom som, mas para eles mesmos, como: "Tenho de pôr esse bloco aqui, porque ele vai cair se eu colocá-lo ali. Sim. Assim. Agora, posso pegar o outro bloco e colocá-lo em cima deste aqui. Bom. Está começando a parecer uma casa".

No quarto estágio, as crianças se empenham no que é chamado de resmungos inaudíveis. Nesse estágio, podemos perceber que elas estão falando consigo mesmas particularmente, interiormente, porque muitas vezes seus lábios se movem e elas podem estar fazendo afirmações em silêncio que não conseguimos decifrar.

Se você refletir sobre a seqüência que descrevemos por um instante, verá que ela faz muito sentido. Se você estiver com problemas para imaginar o que está se passando em cada um desses estágios, basta lembrar que *todos* nós nos empenhamos em *todos os quatro* tipos de discurso também como adultos. Apenas que praticamos muito mais o estágio do quarto tipo de diálogo interior do que faria uma criança. Observe-se da próxima vez em que estiver enfrentando um problema difícil de resolver. Perceba que você fala silenciosamente consigo mesmo (estágio quatro) e que, às vezes, principalmente se o problema for muito difícil, você vai se descobrir falando em voz alta (estágio três). O que também talvez você já esteja percebendo é que essa seqüência de desenvolvimento em quatro estágios nos dá um guia palpável de como ajudar as pessoas a adquirir controle sobre si mesmas, tendo como base o modo normal pelo qual as crianças aprendem isso pela primeira vez.

Voltaremos a isso dentro em pouco, mas, por agora, vamos apenas observar que, no começo dos anos 70, um jovem psicólogo chamado Donald Meichenbaum estava lendo todas essas pesquisas e percebeu que essas idéias podiam ter uma atuação direta para ajudar crianças impulsivas a se tornarem mais reflexivas. Muita gente, inclusive um dos autores deste livro, estava estudando reflexão-impulsividade em crianças por volta dos anos 70 — o emprego dado por Meichenbaum às descobertas psicológicas de Luria, Vygotsky e Kohlberg era considerado, naquela época, excelente e brilhante.

Grito de guerra

Agora, se você ainda está imaginando por que sentimos o desenvolvimento do discurso individual tão profundo, vamos apresentar-lhe um exemplo realmente prático e de impacto. Imagine um adulto correndo com seu automóvel a uns 90 quilômetros por hora, numa via expressa. É meia-noite. O trânsito finalmente melhorou um pouco. De repente, um Porsche vermelho surge do nada, corta a sua frente, deixando-o em pânico e fazendo-o encolher-se por uma fração de segundo, e segue roncando pela fita de asfalto da via expressa. Muitas pessoas que experimentam esse tipo de situação juram sobre uma pilha de Bíblias que a única emoção que sentem num momento assim é *raiva*. Mas nós apostamos até o nosso último centavo que, quando isso acontece numa via expressa ou em qualquer outro lugar, a primeira emoção que *todo* ser humano sente é *medo*. Somos todos feitos do mesmo material nesse aspecto.

Assim, em primeiro lugar, você sente medo. Como sabe? Preste atenção ao seu corpo. Quando você, por uma fração de segundo, vê um carro cortar à frente do seu e quase provocar um acidente, vai perceber que seus batimentos cardíacos e sua pressão aumentam, sua respiração fica mais rápida e ofegante, e se você estivesse ligado a eletrodos para fazer um eletroencefalograma (EEG), poderíamos ver as ondas do seu cérebro saltando. Se tivéssemos a medição do reflexo cutâneo galvânico, ela mostraria medo, também. Isso tudo acontece no primeiro instante. Então, em muitas pessoas, a raiva vai se formando como uma tempestade provocada por El Niño na Costa do Pacífico. Num outro piscar de olhos, o nosso assim chamado homem adulto pressiona o acelerador até o fundo, rilha os dentes, faz um gesto obsceno, bufa, mira bem a parte traseira do Porsche e procura por um revólver no porta-luvas.

Ele dá um grito de guerra, exatamente como Bruce Willis em *Duro de Matar*, e então começa a atirar. Hurra! Outro caso triste de crime no trânsito. Exceto por uma coisa. Essa é uma pessoa comum, é o sujeito que mora na casa ao lado, seu colega professor, seu chefe, seu funcionário mais produtivo, seu irmão, seu marido, seu pai. E agora ele vai ficar preso durante muitos e muitos anos. Tudo porque ele se esqueceu, ou na verdade nunca soube, como usar seu discurso interior para controlar o comportamento. Você percebe por que falar consigo mesmo é tão importante?

Só para o caso de você ainda não ter certeza, vamos descrever o que poderia ter acontecido. Preste muita atenção. Algum dia, isso pode salvar sua vida e de sua família.

1. O Porsche dá uma fechada no nosso motorista.
2. Ele sente medo.
3. A raiva cresce dentro dele.
4. Ele diz para si mesmo: "Calma. Calma. Tire o pé do pedal. Vá devagar. Não faça isso. Talvez a mulher daquele sujeito esteja morrendo no pronto-socorro e ele queira estar ao lado dela antes que seja tarde. Fique calmo. Relaxe. Respire. Calma. Fique calmo".
5. Ele guia até em casa, deita-se juntinho da mulher, aninha-se junto a ela, reza agradecendo o fato de ele e seus entes queridos estarem vivos e bem, e então adormece em paz.

Nem todos têm problema para controlar seus impulsos no trânsito, é evidente. Algumas pessoas se enfurecem com os empregados, ou com as esposas, ou com os filhos. Alguns ficam furiosos com as autoridades nas competições esportivas infantis, o que aparentemente é um problema nacional com importância suficiente para garantir um segmento especial de um noticiário só para tratar disso. Alguns ficam bravos com os encarregados de passagens aéreas, com os funcionários de lojas de departamentos, ou com os vizinhos mais próximos. E o controle de um impulso não se dá sempre em relação à raiva. Se você tem tendência a tirar conclusões apressadas, tem dificuldade em resolver problemas sistematicamente, ou exagera as proporções dos fatos, essa seqüência adaptada da obra de Meichenbaum será muito eficaz.

Controle dos impulsos: os docinhos de Mischel e a "conversa consigo mesmo" de Meichenbaum

É muito triste encontrar uma pessoa brilhante a quem falta inteligência emocional. É uma pena, também, que nossa cultura supervalorize tanto a inteligência acadêmica que, quando a pessoa já se tornou adulta e percebe que lhe falta a inteligência emocional, tem pela frente ainda muito trabalho até conseguir adquiri-la.

Assim, vamos voltar a Walter Mischel, de Stanford, e a seu experimento destinado a testar a capacidade de crianças de 4 anos para esperar recompensas. Se quisermos educar crianças alegres, capazes, precisamos nos assegurar de que elas desenvolvam alguma inteligência emocional. Um dos componentes-chave da inteligência emocional é a capacidade de esperar pela recompensa. Mas isso depende muito do grau de estrutura interior e controle verbal do próprio comportamento desenvolvido pela criança. Parte do caminho do aprendizado para adquirir estrutura interior depende (1) dos pais serem suficientemente amadurecidos para fornecer-lhes estrutura exterior durante o decorrer do processo. A outra parte fica subordinada (2) a alguém que seja capaz de ensiná-la a desenvolver a estrutura interior e a fazer uso efetivo da "conversa consigo mesmo".

Em sua pesquisa inicial nos anos 70, Donald Meichenbaum descobriu que as crianças podiam aprender a controlar e a melhorar sua atuação na resolução de problemas ao serem ensinadas a usar sua "conversa interior" silenciosa e eficientemente. O que é mais importante, ele descobriu que esse treinamento era especialmente útil para crianças impulsivas ou diagnosticadas como hiperativas, portanto, com deficiência na parte de concentração. Baseando-se nas descobertas de Luria e Vygotsky, Meichenbaum concebeu um procedimento para treino que segue a seqüência natural de desenvolvimento do discurso auto-regulativo. Ele foi muito claro ao enfatizar que o modo como pais e professores normalmente ensinam as coisas para as crianças é terrivelmente ineficiente, embora bem-intencionado. *Não* é particularmente útil fazer preleções para crianças. Não é útil *dizer* às crianças como pensar e agir.

Mostre-lhes, não lhes diga

O que realmente funciona muito bem é mostrar mais do que falar. Quando se chega a ter estrutura interior e controle dos impulsos, isso se torna muito fácil, uma vez que você pegue o jeito. Os primeiros estudos de Meichenbaum eram voltados para auxiliar as crianças a desempenharem melhor uma tarefa desenvolvida por Jerome Kagan, de Harvard, em que elas tinham de olhar uma figura padrão no alto e então descobrir a figura idêntica entre muitas alternativas na parte de baixo. Nesse Teste de Combinação de Figuras Familiares, todas as alternativas menos uma tinham algum detalhe mínimo que era diferente do original, como pode ser observado na versão dos autores na figura 8.1.

A maioria de nós já fez testes como esses uma vez ou outra e descobriu que a melhor forma de atacar o problema é olhar uma das características da figura padrão e, então, compará-la sistematicamente com cada uma das outras alternativas, eliminando-as uma a uma, até que sobre apenas a resposta correta. Como o prof. Kagan (1966) descobriu, cerca de dois terços de nós usa um de dois tipos de abordagem para atacar esse tipo de problema: (1) procedemos calmamente, de maneira sistemática e fazemos poucos erros, ou (2) nos apressamos, procedemos caoticamente e cometemos uma porção de erros. Os primeiros são chamados de reflexivos, os últimos são os impulsivos.

FIGURA 8.1
Item típico do teste de combinação de figuras familiares

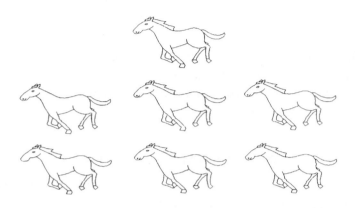

Vamos descrever como Meichenbaum ajudava os pequenos impulsivos a executar melhor sua tarefa. Primeiro, ele dava forma à estratégia falando em voz alta enquanto resolvia o problema, mais ou menos assim: "Bem, vamos ver. Acho que o melhor será começar com a cabeça do cavalo e, então, eu vou observar cada uma das alternativas, uma de cada vez, e quando eu descobrir uma que não combine, vou pôr um dedo sobre ela. Assim, não terei de perder tempo olhando de novo para ela. Sim. Tudo bem. Vamos devagar. Opa, perdi aquela. Tudo bem. Basta ir um pouco mais devagar. Bom. Certo. Estou indo muito bem. Essa é meio estranha. Fique calmo. Não fique muito nervoso. Agora, vou escolher a próxima característica e compará-la". Vamos parar por aqui, mas pode ter certeza de que Meichenbaum não parou. Se estiver fazendo isso de verdade, vai ter de apresentar o problema inteiro, do começo ao fim. É importante levar essa parte muito a sério.

Em seguida, ele instruía a criança para fazer um dos problemas sozinha, enquanto ia falando consigo mesma, em voz alta. A prática faz a perfeição, e é claro, já que as crianças usam em primeiro lugar o discurso aberto para controlar o próprio comportamento, é lógico que, a princípio, descrevam em voz alta o que vão fazendo. Depois que a criança fazia isso, era solicitada a resolver outro problema, só que dessa vez deveria falar para si mesma em voz bem baixa, de modo que Meichenbaum mal pudesse ouvir o que estava sendo dito. E, por último, pedia-se à criança que resolvesse um dos problemas enquanto falava para si mesma, sem emitir sons. E aí está um procedimento brilhante de treinamento. Os resultados eram admiráveis. Como resultado do treinamento, as crianças impulsivas executavam quase tão bem quanto as reflexivas, enquanto o grupo de controle não progredia nem um pouco.

Capitão ou tripulação?

Agora, você já sabe como as crianças aprendem a usar seu discurso interior para controlar e regular seu comportamento. A outra parte disso reside na constância dos pais ao estabelecer e aplicar as regras. Por nossa experiência, como pais e psicólogos, é muito mais eficiente para os pais contar com algumas regras que eles apliquem com firmeza do que uma avalanche de normas aplicadas caoticamente. Com base em nossas conversas sobre discurso interior e controle social exterior, fica provavelmente claro que o efeito cumulativo de pais que despejam sobre os filhos toneladas de regras sem aplicá-las com firmeza pode ser bem grave. O excesso de inconsistência impede o desenvolvimento de uma estrutura interior que precisamos para nos tornar seres humanos civilizados. Os distúrbios de controle dos impulsos transformaram-se num dos problemas mais graves de sanidade mental nos Estados Unidos na última década.

Como podemos esperar que nossos filhos tenham uma estrutura mental interior, autodisciplina e capacidade auto-reguladora, se nós não as temos? É muito triste observar as crianças que vivem nessas circunstâncias. O sistema se deteriorou de tal forma, que a casa permanece num estado quase constante de agitação e caos emocional. Os pais acham que os filhos são ruins. As crianças agem às cegas e não conseguem imaginar por que todos ficam desapontados com elas. Todos se sentem infelizes e ninguém está navegando com um leme em boas condições. Quem é o responsável pelo navio? Os co-capitães? Ou a tripulação?

Você já se perguntou por que é tão comum os pais levarem os filhos para fazer terapia a fim de ajustá-los, apenas para que o terapeuta peça aos pais para que continuem na terapia sem a presença dos filhos? Se os pais não forem os capitães do navio, então a tripulação ficará num estado de amotinação emocional. O fato de contar com uma série de regras dispersas e pouco aplicadas é sintoma de alguma coisa. É um marco, um sinal, uma indicação, uma bandeira verme-lha, a ponta de um *iceberg* que grita: "Alguma coisa está errada!" A parte mais triste desse cenário é ver os pais bravos com os filhos por serem pequenos monstros, quando as crianças estão apenas reagin-do a um sistema que vem se mostrando caótico há anos.

Nós interiorizamos as estruturas nas quais crescemos. Se você crescer em um determinado tipo de família americana, pode apren-der que, não importa o que você faça, é melhor contratar um advo-gado e livrar-se disso. Pode aprender também que entrar com um processo judicial é um modo muito bom de lidar com os contratem-pos que surgem no dia-a-dia. Se você foi criado na Inglaterra ou na Irlanda, estará menos sujeito a aprender essas coisas, mas será talvez mais capaz de aprender a se comportar civilizadamente com os ou-tros. Tudo depende. Se seus pais deixam você xingar, responder e ser grosseiro com eles — se houver excesso de familiaridade entre você e eles —, então, quando você for adulto, pode enfrentar muita dificuldade para conter seus impulsos quando, digamos, estiver fa-lando com seu chefe. Sem uma estrutura interior que diga: "Comuni-que-se com seus superiores respeitosamente", você pode se ver des-pedido de um emprego após o outro, enquanto se acha sempre "injustiçado", "malcompreendido" e "julgado injustamente". É triste quando ouvimos alguém nos dizer que tem sido injustiçado, quando de fato tem sido irremediavelmente inadequado.

Empatia não é o mesmo que simpatia. Pais que têm empatia são capazes de reconhecer que mesmo que eles quisessem dar tudo aos filhos e deixá-los partir levando tudo, isso iria prejudicá-los. E assim, apesar de ocasionais crises de culpa, pais amadurecidos valorizam a estrutura e ajudam seus filhos a criar ordem a partir do caos, tanto na casa como dentro deles mesmos, por meio de sua própria vida emocional.

Nossas recomendações

Há duas vastas categorias a serem discutidas aqui. Uma, é como ajudar nossos filhos a desenvolver o autocontrole — o controle dos impulsos e a espera da recompensa — por meio do discurso privado; e a outra, é como criar uma casa que tenha estrutura suficiente para que as crianças a valorizem, mas não em excesso para que eles não passem a odiá-la e a rejeitá-la totalmente.

AUTOCONTROLE

Como foi ressaltado anteriormente, Donald Meichenbaum demonstrou de forma bastante conclusiva que a melhor maneira de ensinar isso é (1) você mesmo ter autocontrole e assim servir de modelo para seus filhos e (2) ensiná-lo diretamente, usando o método que se origina da pesquisa dele. Esse método, a propósito, é o que muitos pais excelentes empregam para ensinar. Não faça sermões para seus filhos nem lhes fale de uma estratégia. Descubra a estratégia que você usa interiormente e a ponha para fora, em voz alta, à medida que você executa a tarefa que está tentando ensinar. Se você a princípio se sentir pouco à vontade ou embaraçado ao fazer isso, pratique um pouco com seu companheiro, com um amigo, ou sozinho em frente ao espelho. Não deixe que a vergonha o atrapalhe. Esse ensinamento vai ajudar seus filhos a amadurecerem com uma boa saúde emocional.

Outro exemplo. Suponha que você tinha a intenção de ajudar seu filho a aprender um meio de solucionar problemas que aparecem de vez em quando nos relacionamentos. Mas você não quer

116 As Sete Piores Coisas que os Pais Fazem

resolver um problema específico dele, para ele. Isso o infantilizaria. E não ajudaria nada ensinar seu filho a transferir essa capacidade para outras situações. Você descarta imediatamente o pensamento de lhe dar um conselho. Assim, em vez disso, você e sua companheira representam uma pequena cena. As sentenças em itálico reproduzem o que cada pessoa pode estar pensando na situação real, mas durante a representação cada pessoa fala essas coisas em voz alta para que a criança possa ver e ouvir o diálogo interior dos dois. Escolhemos o exemplo que vem a seguir porque, apesar de parecer uma coisa muito boba para causar uma briga, esses são na verdade os motivos pelos quais as pessoas discutem — as coisas do dia-a-dia. Se achar o diálogo muito banal, sinta-se livre para criar o seu próprio exemplo.

Frank: *Acho que ela pegou minha caneta favorita e se esqueceu de devolvê-la. Não quero que ela fique na defensiva, mas preciso descobrir se ela sabe onde está minha caneta. Essa é uma mancha no nosso relacionamento – o fato de ela sempre guardar em lugar errado as minhas coisas pessoais. Vou perguntar-lhe no tom mais neutro que eu conseguir.* Susan, você viu minha caneta favorita em algum lugar? Não consigo achá-la.

Susan: *Ih! Acho que eu a usei ontem quando estava morrendo de pressa. Parece que ele não está bravo. Acho que é seguro confessar isso. Vou deixar claro para ele que eu não queria prejudicá-lo, mas que estou querendo reconhecer meu erro e vou parar de fazer o que estou fazendo para ajudá-lo a procurar a caneta.* Uumm... sim... eu estava morrendo de pressa ontem quando precisei escrever um recado. Sinto muito. Espere, vou procurá-la imediatamente.

Frank: *Ah, bom. Não precisaremos brigar pelo que aconteceu. Foi ótimo da parte dela se oferecer para interromper o que estava fazendo a fim de procurar a caneta. Ela está no meio de alguma atividade, talvez baste ela me dar uma dica de onde pode estar a caneta.* Ah, bom. Pensei que a tivesse deixado no supermercado quando assinei um cheque. Não precisa parar o que está fazendo, basta me dizer se tem mais ou menos idéia de onde ela possa estar.

Susan: Deixe-me pensar um minutinho. Eu estava indo em direção à garagem quando o telefone tocou. Era o médico telefonando para mudar a consulta do Tim. Rabisquei o recado e então... Espere um pouco... Eu estava com minha bolsa. Vou dar uma espiada. ... *Acho que está aqui. Seria ótimo se estivesse.* Negativo. Não está aqui. Ah, querido, sinto muito.

Frank: *Ela parece genuinamente sentida, e eu também cometo erros desse tipo quando estou com pressa. Talvez seja melhor deixar a coisa correr por agora. Não vai me fazer mal nenhum se eu deixar isso de lado temporariamente e acreditar que a caneta vai aparecer.* Tudo bem. Tenho certeza de que mais cedo ou mais tarde a caneta aparece. Não vamos perder mais tempo com isso agora. É melhor usar o meu tempo ficando ao seu lado.

Susan: *Meu Deus, quanta gentileza!* Obrigada, Frank. Vamos todos nos sentar e jantar, e então eu e você vamos ficar bem juntinhos da lareira e assistir a um bom filme.

Frank: *Isso parece muito bom.* Adorei a idéia!

Evidentemente, não só é engraçado para seu filho assistir a vocês interpretando, mas também é uma lição inestimável de solução de conflito de dentro para fora. As crianças não se esquecem de lições que são ensinadas desse modo porque são engraçadas, reais, emocionalmente complexas, são úteis e têm conteúdo emocional saudável.

ESTRUTURA E REGRAS

Quando um sistema está caótico, você pode entrar nele praticamente por qualquer abertura e se estiver com a idéia de fazer uma pequena mudança e mantê-la, qualquer que ela seja, isso vai acabar por acalmar o caos e permitir que uma estrutura mais sólida venha à tona. Se sua família estiver fora de controle, se você tem cada vez mais regras, mais aborrecimentos, cada vez menos obediência por parte dos filhos, dores de cabeça mais freqüentes e explosões emocionais, então você está pronto para uma mudança. Vá para um lugar calmo e reflita sobre todas as suas regras, regulamentos e expectativas, e de sua companheira também, e então as escreva num papel.

Você pode descobrir que tem tantas regras, tão detalhadas, que chega a ser embaraçoso, mas não deixe de incluir nenhuma delas em sua lista. A idéia aqui é verificar se o seu sistema tem uma infinidade de regras, muitas delas inconsistentes e bobas, e sem que nenhuma delas esteja sendo aplicada com firmeza. Quando tiver acabado, olhe para o papel junto com sua companheira e examinem o que vocês sentem. Vergonha? Medo por causa do caos reinante? Raiva porque as crianças não estão cumprindo nada do que vocês pedem? Tudo bem. Guarde o papel num lugar seguro e vá fazer qualquer outra coisa durante o resto do dia.

Depois de esperar pelo menos 24 horas, pegue o papel novamente e escolha *um* item da lista. Talvez seja melhor escolher um bem pequeno, um bem fácil. Escolha um que você saiba que tem mais chance de ser bem-sucedido. Isso pode assustá-lo a princípio. "Mas o que fazer dos outros?", você pode perguntar. "Paciência", respondemos. Vocês dois precisam concordar que essa é a única regra em que os dois vão se concentrar nas próximas *semanas*. Em seguida, precisam decidir de comum acordo deixar todas as outras regras de lado, por enquanto. Não vão nem mencioná-las a seus filhos. Nada mais de resmungos, discursos bombásticos, sermões e ameaças. Nada disso funcionou no passado, além do que, se você quer retomar seu poder no sistema terá de zerar todos os registros, por assim dizer, antes que possa exercer alguma influência novamente. Em outras palavras, eles não o escutam de jeito nenhum quando você está constantemente pedindo que tirem os tênis da sala, assim pare de fazer isso por algumas semanas. O silêncio vai falar mais alto do que seus resmungos. Quem sabe o que pode acontecer se cada um depender de si mesmo?

Em seguida, crie a estrutura inicial para um programa de modificação de comportamento (descrevemos os detalhes desse tipo de processo no capítulo 10) para as crianças, tendo em vista o item da lista escolhido. Se a regra for colocar os pratos na lava-louças assim que forem usados, de modo que nunca haja louça na pia ou espalhada pela casa, então crie um programa em torno disso. Defina todos os termos e limites de tempo precisamente. Quanto tempo um prato pode ficar "por aí" antes que as conseqüências recaiam sobre quem o deixou lá? Cinco minutos? Dez minutos? Antes que as crianças deixem a área, para passear ou, mesmo, ir para o quarto? Imagine algum tipo de "conseqüência" que você acha que vai funcionar. Lembre-se de usar recompensas sempre que for possível. Por exemplo, se seu filho adolescente pôs a louça na máquina 80 por cento das vezes num período de sete dias, ele alcançou algum progresso. Então, é bom ter alguma conseqüência negativa, como perder algum privilégio, caso seu desempenho caia abaixo desse índice.

É simples assim. Escolha uma regra em vez de muitas. Decida com sua companheira um meio de aplicá-la bem. Acrescente algo positivo para recompensar o bom comportamento. *E siga em frente!* Se você é daqueles que acham que lutar é ruim, é provável que você mesmo interrompa o trabalho, por isso fique firme. Você consegue fazer isso. Lutar é bom.

Estrutura ou caos: só depende de você

A essa altura, você já deve ter percebido que acreditamos que se não houver estrutura na vida de uma criança, é como ela estar num rio sem uma canoa. Infelizmente, não é preciso olhar muito longe ou muito profundamente para saber que isso é verdade. Basta olhar na vizinhança. Nos anos 50, a maioria das crianças de classe média jamais teria ousado violar a caixa de correio de alguém. É um crime federal, e era impensável na época. Hoje, não. A prática agora é comum e parece que, de um jeito ou de outro, ninguém está se importando muito com isso.

Quando o adolescente Michael Fay foi preso em Cingapura por atos de vandalismo, houve um alvoroço generalizado nos Estados Unidos. Sem surpresa para alguns e deixando outros chocados, a reação típica dos americanos foi: "Prendam-no!!" Não conseguíamos pensar em fazer algo assim nos Estados Unidos, mas estávamos prontos para que alguém mais o fizesse por nós. "Prendam-no!", alguns gritaram. "Vamos pôr fim ao vandalismo de uma vez por todas." A parte triste de tudo isso é que parece que nós, adultos, temos falta de disciplina interior e portanto preparamos nossos filhos para agir fora das normas, então os deixamos escapar impunes quando isso acontece, ou os livramos da punição quando são pegos; e então queremos vê-los brutalmente punidos por um outro país para que não nos sintamos responsáveis pela brutalidade.

Não seria muito melhor e mais salutar se criássemos nossos filhos mais refletidamente? Quando as pessoas agem refletindo mais, as coisas correm muito mais suavemente. Que tal se continuássemos punindo mais seriamente quem danifica caixas de correio? Que tal se nossos juízes seguissem mais a lei em vez de terem tanta pena de nossas crianças? Que tal se nós, pais, impuséssemos limites, estrutura e disciplina em casa, de tal modo que nossos filhos pudessem amadurecer para ser felizes e produtivos em vez de agitados, raivosos e infelizes? Queremos realmente que nossos filhos sejam assim? Não é preciso. Cada um dos dias de nossa vida é uma escolha nossa.

9

Esperar que seu filho realize *os seus* sonhos e não os dele

Quase uma tragédia nas trincheiras das profissões

Em 1998, uma pesquisa de opinião entre estudantes de faculdade da turma de 2001, cujos pais estavam empregados, perguntou se eles "alguma vez haviam considerado" seguir a mesma carreira de um dos pais. Uma porcentagem extraordinária de 62 por cento respondeu que "não". Com isso em mente, imagine que seu filho parece ter um genuíno talento como artista. Ele quer freqüentar uma escola de artes. Você e sua família, voltando atrás duas gerações pelo menos, são todos cientistas, advogados e executivos — profissões que são consideradas "duras" em oposição às "suaves". Desde muito cedo, você foi influenciando gentilmente seu filho, orientando-o para uma dessas carreiras. Você nunca se abriu e disse que tinha sentimentos muito fortes em relação à escolha futura da carreira dele. Você gosta dos trabalhos que ele faz nas aulas de arte da escola. Já percebeu que ele é talentoso. E você continua a incentivá-lo a ampliar um horizonte maior de interesses e habilidades à medida que sua vida escolar vai avançando. Como ele vem de uma família brilhante e bem-sucedida, ele faz bem todas as coisas a que se propõe. Até aí, tudo bem.

Na faculdade, seu filho lentamente começa a se direcionar para a arte e o desenho. Ele continua a ser excelente em tudo o que lhe cai nas mãos, mas está se tornando evidente a cada dia que ele não tem queda para o Direito, as ciências ou os negócios. Preocupado com a possibilidade de que ele não será capaz de sobreviver no mundo se fizer da arte seu mais importante campo de estudo, e também que, mesmo que ele consiga isso, os anos de luta e dificuldades nunca valerão a pena, você começa a lhe dar um empurrãozinho em direção a uma das profissões "mais duras". Você tem um bom relacionamento com seu filho. Juntos fizeram muitas coisas enquanto ele crescia e amadurecia. Ele respeita sua opinião. Um dia, ele telefona para casa e lhe diz que começou a fazer terapia com um psicólogo do câmpus "para ajudá-lo a pôr no lugar algumas coisas que lhe estavam causando um pouco de ansiedade".

Você fica um pouco nervoso, mas não reconhece que isso é medo. Em vez disso, dá ouvidos àquelas mensagens interiores que o exortam a agir. Alguma coisa ou alguém pode estar ameaçando o bem-estar de um de seus filhotes. Você precisa agir. Telefona para o centro de aconselhamento da faculdade. Eles respondem que nem mesmo podem lhe dizer se seu filho está ou não está sob aconselhamento sem o consentimento dele. Você acena com a possibilidade de usar suas armas legais, com cuidado para não deixar pesar em demasia seu lado emocional a fim de não parecer excessivamente intimidador. Eles não cedem. Irritado, você telefona para seu filho, com cuidado para não mencionar que você tentou falar com o corpo de aconselhamento. Pergunta como ele está. Como vão as sessões de terapia. Ele diz que vão bem. Ele parece feliz, mas não se abre muito a respeito. Você lhe diz: "Que bom, estou feliz porque tudo vai bem com você", enquanto desliga o telefone e já começa a pensar na estratégia do seu próximo movimento.

Até aqui, tudo bem? Na verdade, não. De fato, se você se comporta assim, devemos avisá-lo imediatamente de que já está trilhando um caminho potencialmente destrutivo e de que, quanto mais longe você for daqui para a frente, pior será. Nosso conselho? Dê meia-volta. Pegue suas coisas, arrume sua mochila e volte para casa. Quando chegar novamente à encruzilhada, pegue a outra trilha.

A outra encruzilhada na estrada

A cada dez ou vinte anos, alguém financia uma pesquisa de grande porte sobre gêmeos num esforço para determinar o papel dos genes no comportamento humano. Atualmente, essas pesquisas são mais sofisticadas do que eram a princípio. Investigam gêmeos idênticos que foram criados juntos, gêmeos idênticos que foram criados longe um do outro, gêmeos fraternos criados juntos ou separadamente, outros irmãos criados juntos ou separadamente, e assim por diante. Eles empregam então algumas fórmulas estatísticas engenhosas para separar todas as fontes de variação entre diferentes grupos de pessoas e, no processo, são capazes de retirar a maioria das variações devidas aos fatores ambientais. Isso deixa os cientistas com uma boa estimativa dos traços hereditários, como inteligência e personalidade.

Uma das maiores e mais recentes pesquisas sobre gêmeos foi feita na Universidade de Minnesota e relatada na revista *Science*, em 1990. Os resultados preliminares foram assombrosos. Fazia anos que sabíamos que a inteligência tem um grau muito alto de hereditariedade, assim aquele resultado não foi tão espetacular perto da descoberta de que cerca de 43 por cento de nossa escolha de carreira e 49 por cento de nossa opção religiosa são determinados geneticamente. O que é emocionante a respeito dessas descobertas é sua sensibilidade! Pense em quantas pessoas *realmente* sentem atração por uma carreira ou por um caminho para realizar sua espiritualidade. Se você tem o lado esquerdo do cérebro mais desenvolvido, você é analítico, lógico e linear, portanto faz sentido que você não se encaminhe para as artes ou para o trabalho voltado para o lado social. E se tem o lado direito do cérebro mais desenvolvido, você é altamente intuitivo, com tendência para processar as coisas simultaneamente e não linearmente, sendo normal seu pendor para o lado místico e poético em suas manifestações espirituais.

O que isso significa para a média dos pais? Isso significa que podemos começar por escolher o caminho menos batido quando chegamos à encruzilhada. Podemos voltar atrás e reler a afirmação de Kahlil Gibran que declara que não somos donos de nossos filhos. Podemos consultar um psicólogo e pedir-lhe ajuda para modificar nossa crença antiquada de que precisamos moldar nossos filhos à nossa imagem, caso contrário eles serão condenados a uma vida de frustrações e fracassos. E então podemos celebrar, cantando com um coro de anjos muito aliviados, no Paraíso, a possibilidade de haver um artista na família pela primeira vez desde 1700.

Talvez ajudasse se descrevêssemos esse outro caminho um pouco mais. Tomar esse rumo significa que os pais devem ser mais amadurecidos do que costumam ser. Requer de um pai mais profundidade emocional para seguir esse caminho, e também mais fé. Não estamos sugerindo que o caminho que deveria seguir é o do descaso. Se seu filho não tiver nenhum talento artístico, mas tiver sido incentivado por um professor equivocado, sem dúvida você deve falar com seu filho. Mostre quais são suas preocupações. Tenha tato, vá com jeito, mas seja direto. É o que precisa ser feito.

Tomar conta sem arrogância

Reconhecemos que a maioria dos pais não tem a intenção de ser arrogante quando empurra os filhos para uma determinada carreira, mas, apesar disso, na maioria dos casos é uma demonstração de arrogância. Apenas para confundi-lo, vamos acrescentar que há momentos em que isso não é ser arrogante, e há ocasiões quando isso é muito necessário. Lembre-se de que "nos velhos tempos" a escolha de carreira era muito limitada. Os pais tocavam uma fazenda. Era assim que a família inteira sobrevivia. Era literalmente um caso de vida e morte. Assim, o filho aprendia como tocar uma fazenda, e dessa forma sobrevivia. O pai era sapateiro. Todos da família não

As Sete Coisas

estavam muito acima da condição de servos. Era o ano 1.200 d.C. Não havia espaço para manobrar, ou os filhos se tornavam sapateiros ou nada mais. E assim eles sobreviveram.

Os tempos mudaram, e juntamente com as mudanças veio uma quantidade infinita de opções e da liberdade que as acompanha. Mas opções ilimitadas produzem ansiedade crescente — tanto nos pais quanto nos filhos. Se não vou ser fazendeiro, o que serei, então? Se não gosto de fazer sapatos, o que vou fazer para ganhar a vida e sustentar minha família? Essas são as perguntas que quase todas as famílias do Ocidente industrializado irão enfrentar no século XXI.

Como podemos ser cuidadosos sem ser arrogantes? Como ajudar nossos filhos a passar da infância à idade adulta com uma identidade clara e definida? Não é tão difícil quanto você pensa. Mas exige de alguns uma elevação de atitudes e de crenças. A boa notícia é que o desenvolvimento humano tem alguns pontos universais. Todas as crianças precisam cumprir certas tarefas para se desenvolver, não importa em que cultura sejam criadas. Nosso primeiro conselho é que descubra uma teoria de estágios, como a de Erik Erickson, que se baseia nesses cruzamentos culturais universais, e então decida-se a aprendê-la, estudá-la, depois aprenda-a um pouco mais, memorize-a, estude-a novamente, pesquise a respeito, e então faça tudo de novo, até que a saiba de cor e salteado.

Embora esse processo possa parecer cansativo e demorado, podemos afirmar que vai lhe poupar milhares de horas de tristeza e confusão enquanto você cria seus filhos. Um conjunto de estágios como o de Erikson é particularmente útil porque nos dá muito espaço para trabalhar soluções individuais para os problemas da vida, muito mais do que se estabelecesse que só há um modo certo de amadurecer. Também nos ajuda a resolver os pontos difíceis a que estamos presos. Por exemplo, durante o estágio de formação de identidade — dos 15 aos 28 anos —, nosso trabalho é deixar claro quem somos e o que queremos ser, como queremos viver, do que gostamos ou não, de quem gostamos ou não e no que acreditaremos, entre outras coisas. É também nosso trabalho deixar a casa e sair pelo mundo, ganhando nosso sustento e construindo nosso esquema de apoio. Uma vez que você saiba disso, é muito fácil diagnosticar os problemas. Se seu filho de 25 anos ainda vive em casa, não paga aluguel e leva vida de estudante secundarista, então vocês dois têm um problema. Se sua filha de 2 anos está com medo de sair do seu lado, fica grudada como um carrapato e nunca diz "não", então, preste atenção. Se seu filho de 18 anos não questionou nada do que aprendeu quando criança, ou a que foi ensinado a acreditar na infância, ele pode estar ficando estagnado.

Todas as vezes em que dizemos isso nas conferências e seminários, há sempre um debate inevitável com alguém que cita exceções ao que dizemos sobre formação de identidade; mas em quase todos os casos, a postura defensiva das pessoas parece se originar do medo de que possa haver algo de errado em seus esforços para criar os filhos, ou no relacionamento entre eles e os filhos. Tanto quanto podemos compreender o mal-estar de alguns pais com isso, passamos momentos difíceis pensando em muitos casos em que é mais saudável para alguém de 25 anos ainda estar morando na casa dos pais.

Com as considerações acima em mente, vamos relacionar em seguida alguns indicadores que têm sido usados com sucesso por pais que se mostraram muito competentes e que acabamos por conhecer no decorrer de todos esses anos.

Exemplos de como criar filhos bons e equilibrados

CURSO SUPERIOR DE ARTE E DESENHO

Seu filho parece ter um talento genuíno para as artes. Ele se sai bem em tudo o que faz na escola porque é brilhante como você. Você percebe a transformação que ocorre no rosto dele quando ele está empenhado, pensando ou já envolvido de qualquer modo com algum objetivo artístico. Seu coração se aquece com o pensamento de que ele está descobrindo o que tem em mente para ser na vida. O que mais emociona você não é a possibilidade de que vai haver um artista na família. O que o emociona é que seu filho parece que se ligou firmemente a seu objetivo — o único determinado pelos genes e por suas experiências infantis. A emoção de vê-lo indo atrás de seus sonhos é imediata porque você fez a mesma coisa — você sabe o que é ir atrás de alguma coisa tão tentadora mas essencialmente tão envolvente e correta. Você experimentou a emoção de descobrir sua própria identidade.

Enquanto cursa o primeiro ano de faculdade, ele se descobre entrando no escritório de aconselhamento acadêmico no câmpus da faculdade e trocando o curso superior inicial pelo de arte e desenho. Ele está emocionado e um pouco ansioso. Mudanças sempre nos deixam nervosos, e você nunca pode ter certeza sobre como seus entes queridos vão reagir à sua decisão. Ele se faz uma série de perguntas à queima-roupa: "Será que estou sendo muito impulsivo? Será que estou fugindo de alguma coisa? Será que estou escolhendo o caminho mais fácil para cair fora? Serei capaz de fazer disso um modo de vida? Como vou me encaixar na estrutura familiar quando todos os outros estão seguindo caminhos tradicionalmente "mais duros"? O que acontecerá se eu descobrir daqui a cinco anos que tomei a decisão errada e tiver que fazer outra correção de trajetória na metade do caminho? Todos vão pensar que sou louco?" Essas são ótimas perguntas para alguém fazer a si mesmo. É isso que torna a vida tão maravilhosa, misteriosa, envolvente e que faz com que viver valha a pena. Quando um filho faz essas perguntas, ele está exercendo seu trabalho de identificação.

Um estudante na faculdade está perfeitamente capacitado a descobrir as respostas para essas perguntas. Mas apenas se a família puder apoiá-lo até o fim. Pense na mensagem que estamos enviando aos nossos filhos quando lhes dizemos: "Percebemos que está lutando com a decisão sobre o que fazer quando for adulto. É bom para nós vê-lo assim, porque sabemos que você vai encontrar aquilo que

128   As Sete Piores Coisas que os Pais Fazem

está procurando, só que não podemos fazer nada por você. Lembre-se de que não tem de levar a vida com perfeição e que só é possível descobrir o caminho certo cometendo erros. Se houver algum jeito razoável de ajudá-lo, nos diga. De outro modo, corra atrás!" A mensagem é: "Estamos emocionados ao vê-lo amadurecer. Sabemos que é capaz disso. Lutar faz bem. Você é bom. E faz bem assumir riscos calculados. Nós o amamos, não importa o que aconteça. Gostamos de vê-lo lutando corpo a corpo com a vida — isso faz bem para a alma".

A TOCADORA DE TUBA

Você teve "aquela conversa" com sua filha que está cursando o primeiro grau, para que ela decida se quer aprender a tocar um instrumento musical. Ela pensa bem e depois responde que precisa conversar sobre isso com a professora de música. Alguns dias depois, ela chega em casa e anuncia que quer tocar um instrumento.

"Já escolheu, querida?", você pergunta.

"A tuba!", ela exclama. "É tão legal! Sempre achei a tuba o máximo! Minha professora disse também que eles precisam de alguém que toque tuba!" Você não tem nada contra a tuba. Sem a tuba, a banda ou a orquestra ficariam sem cadência e sem rumo, você diz para si mesma. Outra parte de você está sussurrando: "Esperava que ela escolhesse piano ou violino". Você decide ir com calma e levar adiante a decisão dela e dizer-lhe que foi uma bela escolha. Dois dias mais tarde, você descobre que isso ainda a está incomodando.

Mas você é uma boa mãe, e sabe que precisa deixar sua filha descobrir o que funciona melhor para ela. Você conversa sobre isso com seu marido. Vocês dois concordam que só duas coisas podem acontecer. Tanto ela pode apegar-se à tuba e seguir entusiasmada até o ginásio, o secundário e a faculdade, como ela pode perder o interesse depois de um ano ou dois e resolver desistir. Suponhamos que acontecesse a segunda possibilidade. O que você poderia fazer? Bem, se sua filha estabeleceu um padrão de começar as coisas e abandoná-las depois de poucas semanas, você deve intervir e exigir que ela continue pelo menos até o fim do ano letivo. Por quê? Assim ela vai aprender que as decisões têm conseqüências, que os compromissos significam alguma coisa e por isso ela deve pesar as decisões com mais cuidado no futuro.

Se sua filha não segue um padrão de voltar atrás nos compromissos, então deixe-a sair depois de um ano ou dois. O que ela irá ganhar com isso? Será que ela vai chegar a aprender alguma coisa? É claro que sim. Ela terá aprendido a ler música; como funcionam bandas e orquestras; como trabalhar em equipe. E ela terá aprendido que, depois de alguma reflexão, é legal mudar de idéia, e que não será posta de lado ou criticada por fazer isso. Entendeu? Mesmo que ela desista depois de um ano ou dois, não terá perdido nada e terá ganho muito. Assim é a vida. É assim que aprendemos sobre a vida. E assim agem os bons pais.

Há uma porção de tocadores de tuba felizes por aí. Você pode vê-los em orquestras sinfônicas e em bandas no mundo todo. Pode ver o sorriso alegre em suas faces, a aura de realização em torno deles e a evidente satisfação em seus olhos. Eles estão fazendo o que impulsiona suas almas.

O EMPRESÁRIO

Seu filho de 18 anos sabe que vocês esperam que ele arrume um emprego de verão para ajudar a pagar o seguro do carro dele, a gasolina, uma pequena parte de suas roupas e objetos de uso pessoal. No último verão, ele trabalhou numa tinturaria ganhando salário mínimo, e realmente trabalhou muito. Mas odiou o emprego, assim ele e alguns amigos planejaram montar uma empresa própria, para fazer faxina, pequenos serviços e consertos nas casas, durante o verão. Quando você era jovem, trabalhou na mesma empresa durante os três anos do secundário e nos três primeiros anos de faculdade, criando condições para ocupar um lugar melhor nos dois últimos anos. Depois de formado, você realmente se vinculou à empresa e solicitou um cargo de gerente, o qual lhe foi dado imediatamente por causa de seu longo histórico de trabalho lá mesmo. Você trabalhou com muito sucesso durante toda a sua vida. Na verdade, você é o novo diretor-executivo.

Como pai, você pode ter ou não alguma ambivalência em relação aos planos de seu filho de começar um negócio próprio. Por um lado, você aprecia plenamente a importância dessa espécie de empreendimento na juventude. Mostra ambição, orientação e vontade de assumir riscos. Por outro lado, o rumo de sua carreira, com esse comprometimento firme e seguro com uma só companhia, tanto quanto o pagamento, previsível e regular, que acompanha uma posição assalariada, podem estar fortalecendo o outro ponto de vista. Na verdade, você pode estar intimamente preocupado com o fato de que os rapazes encontrem alguma resistência imprevista que faça com que eles abandonem os planos de montar um negócio juntos e acabem por ficar sem os costumeiros empregos de verão. Isso poderia ser um desastre financeiro e resultar em sofrimento e desgaste emocional. Essas questões raramente ficam bem definidas.

O que você vai fazer? Se seu filho adolescente tem o hábito de começar as atividades e abandoná-las depois de pouco tempo, então, sem dúvida, diga-lhe que o comportamento anterior dele não lhe dá o direito de tentar um negócio próprio. Os jovens que não passaram por batismo de fogo, que não pagaram suas contas pelo menos durante um verão, com um emprego de quarenta horas por semana, deveriam fazer isso. Eles precisam arranjar um trabalho regular, se for baixa a probabilidade de que consigam ir até o fim com seu empreendimento. Mas esse não é o caso de todos os jovens. Em nossa opinião, não há grandes riscos em deixar seu filho adolescente tentar isso durante um verão. Na pior das hipóteses, ele e seus amigos vão se matar tentando levar adiante o negócio e vão descobrir que é muito mais difícil do que tinham imaginado. Quando adolescentes espertos percebem que as coisas não vão lá muito bem, muitas vezes eles tentam manter o negócio funcionando, ao mesmo tempo em que arranjam um emprego de meio-período, mesmo ganhando pouco, assim não chegam ao fim do verão com as mãos abanando.

Sim, é um risco. Mas ficamos imaginando quantos homens de negócios tremendamente bem-sucedidos jamais teriam montado suas empresas se não tivessem sido orientados e apoiados por suas famílias na adolescência. Nossos filhos precisam descobrir para o que eles têm jeito. É necessário ter um determinado tipo de personalidade para ser um empresário. Algumas vezes, as pessoas visualizam-se como seus próprios patrões só porque tiveram alguma má experiência com um superior e "nunca mais querem trabalhar para outra pessoa", quando na verdade não foram feitas para tocar um negócio próprio. Elas simplesmente precisam imaginar como devem lidar com uma administração fraca e então continuar trabalhando dentro do universo das grandes empresas. Mas outras pessoas se desenvolveram num mundo grandemente automotivado, e estaríamos todos em piores condições se não fosse por eles. Antes de tentar esfriar o entusiasmo de seu filho adolescente que quer montar seu pequeno negócio, pergunte a si mesmo, honesta e corajosamente, se não está interferindo no caminho do seu filho e no seu próprio.

O AGNÓSTICO

Se você ainda não se sentiu desafiado por este capítulo até este ponto, avalie o trecho a seguir. O que você faz quando sua filha de 13 anos chega em casa, depois de uma aula de religião, e diz: "Gosto de quem está dando as aulas e da turma, mas realmente não sei se acredito muito nesse negócio de Bíblia. Sei que não é para ser levada ao pé da letra, mas o que estou questionando é se realmente Deus existe ou não". Você pode perceber a sinceridade nos olhos e na voz dela. Sua mente começa a varrer em alta velocidade seu banco de memórias e escaninhos lógicos, procurando por uma interpretação para a declaração de sua filha e por uma resposta que não seja agressiva para nenhuma de vocês duas. Você percebe que seu coração dispara e, por um segundo, você pára de respirar.

"Huum", você responde, no mais neutro mas mais interessado tom de voz que consegue emitir. E então a resposta lhe vem à mente, e é o momento em que suspira de alívio. Graças aos céus por Erik Erikson, você diz a si mesma, antes de continuar com uma resposta que pode ajudar verdadeiramente: "Estou feliz por ouvir que você está em conflito com esse tipo de preocupação. Era de se esperar que isso acontecesse na sua idade. Estou orgulhosa de você". Mal dá para perceber no lampejo de agradecimento que passa pelo rosto de sua filha, mas o que ela está pensando é: "Oba! Que coisa boa de se ouvir!" Há um momento de silêncio em que as duas se sentem completamente à vontade, e então ela, hábil, muda o rumo da conversa para outra direção: "A propósito, mamãe, o que você acha da nova lei de proteção às florestas que está sendo apresentada no Congresso? Tivemos um debate na classe hoje e ainda não sei bem de que lado estou". Você sorri de leve e diz para si mesma: "Nós *fizemos* um bom trabalho com relação à educação dela. Obrigada por sua ajuda, meu Deus".

Desista

Estávamos assistindo a um programa de entrevistas com políticos, quando ouvimos um homem muito bem-educado dizer durante o debate que estava chateado porque muitas pessoas estavam tentando denegrir os ex-presidentes americanos. Quando o entrevistador perguntou o que ele queria dizer com aquela afirmação, o homem respondeu que estava se referindo à "mentira" que estava sendo espalhada de que Dwight Eisenhower tinha vivido um longo romance com a mulher que havia sido sua motorista durante a Segunda Guerra Mundial. O homem continuou a falar, explicando que as pessoas estavam fazendo isso na tentativa de justificar o comportamento de alguns políticos contemporâneos. Mesmo admitindo que haja um comportamento bastante questionável por parte dos políticos contemporâneos, isso nos dá o direito de distorcer um fato histórico? Afinal, Dwight Eisenhower realmente manteve um longo caso amoroso com sua motorista durante a Segunda Guerra Mundial. Isso é um fato histórico.

É difícil amadurecer, em parte porque isso exige que retiremos as vendas que cobrem nossos olhos e que, às vezes, tenhamos de

As Sete Coisas

tirar nossos ídolos do pedestal em que os pusemos. O Holocausto aconteceu, apesar de alguns odiosos racistas quererem que acreditemos o contrário. A pesquisa de Stanley Milgram sobre obediência às autoridades sugere que isso poderia ter acontecido em qualquer lugar, inclusive nos Estados Unidos. A História nos mostra que aconteceu por todo o planeta, sendo os "Campos de Extermínio" do Cambodja o exemplo mais recente. As pessoas que vivem dentro de padrões morais elevados não precisam se preocupar com a possibilidade de que seus filhos sejam influenciados indevidamente por outros, eles não precisam criar fatos históricos para apoiar sua moralidade, e não têm de discursar sobre seus padrões morais nem se vangloriar deles. Tudo o que precisam fazer é viver a vida de acordo com eles. Realmente é muito simples. Se você contrapõe a mentira de outros com sua própria mentira, o que você consegue? As pessoas só vão pensar que você é desonesto ou ingênuo.

Lembramo-nos de algumas pesquisas assustadoras que foram feitas algumas décadas atrás. Os pesquisadores foram atrás não só dos valores defendidos pelos pais mas também queriam saber até que ponto eles realmente viviam segundo esses valores. Entrevistaram, assim, os jovens com idade para freqüentar a faculdade, observando seus sentimentos em relação aos pais. A despeito de os pais serem liberais ou conservadores, religiosos ou ateus, de direita ou de esquerda, desde que vivessem de acordo com os próprios valores e *agissem* demonstrando comprometimento, então esses jovens tinham muito respeito por eles. Se os pais apenas defendessem determinados valores da boca para fora e suas ações não fossem coerentes com esses valores, então seus filhos não tinham muito respeito por eles. Ainda mais importante, jovens pertencentes a famílias com valores consistentes amadureciam para ter valores e identidades muito claros para si mesmos; enquanto os filhos de famílias que não apresentavam coerência entre o que defendiam e o que viviam acabavam por ficar confusos a respeito de seus próprios valores. Alguns deles até declararam rudemente: "Meus pais eram fingidos".

Essas são palavras duras, na verdade. Mas às vezes essa rudeza é necessária. Uma atitude hipócrita é dizer a nossos filhos que queremos que eles cresçam para se tornarem adultos fortes, sinceros, coerentes, ajuizados e comprometidos, se nós não formos assim e não estamos passando a nossos filhos mensagens claras a esse respeito. As crianças realmente *aprendem* o que vivem. Por outro lado, é triste observar pais bem-intencionados apegando-se aos filhos adolescentes como para salvar a própria vida, com medo de que, se deixá-los mais soltos, possam arruinar a vida deles. É triste, porque justamente o oposto é verdadeiro. Adolescentes vão ter uma vida adulta bem-sucedida se eles mesmos lutarem bastante. Os pais que são capazes de gradualmente ir dando liberdade aos filhos à medida que eles se aproximam da casa dos 20 estão deixando claro que é bom crescer e amadurecer.

Um dos conselhos mais sábios que podemos transmitir a nossos clientes quando seus filhos se aproximam da idade adulta é: *"Desistam"*. Isso não quer dizer que você devem negligenciar seus adolescentes. Eles precisam ter um limite de horário para voltar para casa, deveres e responsabilidades. Mas é preciso que haja uma série de concessões por parte dos pais, e nem sempre isso é fácil, e por isso é que damos esse conselho de tempos em tempos. Se vocês acreditam que seus filhos são sua propriedade, então este capítulo é para vocês.

Ser pai ou mãe nos dias de hoje exige muito mais flexibilidade do que antigamente. O desafio é fornecer estrutura suficiente e orientação para que nossos filhos cresçam contando com lemes interiores, mas que a estrutura não seja demasiado rígida para não impedir que eles amadureçam. É um belo desafio. Os desafios são bons, porque nos mantêm vivos.

PARTE III

Vá em Busca de seu Objetivo

10

Se os ratos são capazes de fazer isso, você também é

Prioridades, prioridades, prioridades

Neste capítulo, vamos desafiá-lo. No correr da década passada houve uma proliferação de livros e de fitas destinados a nos ajudar a atingir estágios mais elevados de consciência, para chegar ao nirvana e à beatitude. Como há tanta gente trabalhando nessa parte do eu, gostaríamos de lembrar a todos que construir uma casa sobre um terreno lamacento, úmido ou arenoso, num lugar espetacular, pode ser muito diferente de levantar uma casa num terreno rochoso, mesmo que a localização não seja tão fabulosa. Os Três Porquinhos podem lhe falar mais a respeito disso, se você não compreendeu bem a imagem.

É perturbador ver pessoas outrora bem-educadas e inteligentes totalmente voltadas para esses grandes esquemas para atingir o nirvana, a beatitude e a alteração permanente do estado de consciência, enquanto os filhos ficam à deriva: são crianças sem limites, sem rumo, vazias e sem pais. Não queremos dizer que desejar atingir um estado de beatitude seja errado. Apenas que tentar atingir a beatitude quando os alicerces de sua família e de sua casa não estão em ordem significa que suas prioridades saíram dos eixos.

Gostamos em especial de livros como o de Mary Pipher, *The Shelter of Each Other: Rebuilding Our Families*, e o de William Doherty, *The Intentional Family: How to Build Family Ties in Our Modern World*. Esses psicólogos práticos empregaram corajosamente os exemplos mais mundanos, e portanto espirituais, para escrever livros que nos suplicam para levar novamente a sério os problemas do dia-a-dia. E precisamos fazer isso. Quando nossos filhos podem conectar-se à Internet e jogar *video games* de 64 *bits* contra adversários da Mongólia, que estão conectados via satélite *uplink*, mas que não conseguem manter uma conversa com a família e os amigos em que haja contato olho no olho, com gestos e expressões faciais apropriados, alguma coisa está errada. Quando nossos filhos sabem quanto custa um Jeep Grand Cherokee mas não têm a menor idéia de como fazer funcionar uma máquina de lavar ou de secar, ou como fritar um ovo, ou como tomar conta de um animal de estimação suficientemente bem para que ele não morra desidratado ou de fome, algo está errado. Ou talvez tudo esteja errado, quando o costume dos filhos de manter os pais como reféns se tornou arraigado, e eles fazem isso ao chora-mingar, fazer beiço, ter acessos de raiva, fazendo chantagem e usan-do de outras manipulações, e então é hora de mudar.

Mas mudar o quê? Escutamos os pais perguntarem: "Como pos-so conseguir que minha filha se organize por ela mesma? Como fazer com que meu filho pare de espernear e bater o pé? Como posso conseguir que meu filho de 26 anos resolva mudar-se de livre e es-pontânea vontade? Como posso...?" Se ao menos os pais começas-sem a fazer essa pergunta: "Como posso criar alguma disciplina inte-rior dentro de mim mesmo, de tal forma que meus filhos possam aprender sobre disciplina interior apenas convivendo comigo?" Ser ou não ser um bom pai. Essa é a questão.

Diante da caixa do mercado

Seu filho de 4 anos choraminga, retorce o rosto em contorsões torturadas, faz caretas, bate os pés e dá socos em você quando você diz que ele "não" pode comprar nenhum doce da prateleira junto à caixa do mercado. Isso se tornou um problema tão terrível para você, que até o pensamento de ir às compras já é assustador. Você fantasia que vai deixá-lo no carro, mas isso seria perigoso. Sonha que está indo para uma remota ilha tropical, deixando seu filho para ser criado por seu marido ou por sua mãe até que ultrapasse a adolescência e voe para fora do ninho. Antes, você tentava ignorá-lo, mas a choramingação vai subindo de tom e fica tão intensa que você fica com medo de que isso possa fazer mal para ele, que ele possa ficar roxo e desmaiar. *Você*, por outro lado, está tão envergonhada, que a princípio fica vermelha e, em seguida, o sangue some do seu rosto que fica totalmente pálido. Não é uma visão bonita. E está destruindo seu filho.

O que você pode fazer? Se voltar ao seu livro de conhecimentos gerais de psicologia do secundário ou do ano em que era caloura da faculdade, vai encontrar algum trabalho fascinante do ocasionalmente maligno B. F. Skinner, cuja obra brilhante revolucionou a psicologia para sempre. Ele pôs um rato naquilo que agora é conhecido como a Caixa de Skinner — uma caixa equipada com um recipiente de comida e uma alavanca, localizados em uma das paredes — e adivinhe o que aconteceu? Certo. Como os ratos são animais naturalmente curiosos e costumam se sentar sobre as patas traseiras, assim criando condições para movimentar suas patinhas dianteiras, o rato acidentalmente, mas finalmente, acabou por pressionar a alavanca; e eis que uma pelota de comida foi liberada e o rato esfomeado experimentou, pela primeira vez, a emoção do mundo de causa e efeito.

Espere um pouco, já estamos chegando na melhor parte. Depois disso, Skinner levou mais uma década ou duas pesquisando todos os ângulos da operação de condicionamento, como ele a chamou. Logo descobriu que, se o rato tivesse de pressionar a alavanca muitas vezes antes de ser recompensado — se ele tivesse de trabalhar para comer —, então o comportamento de pressionar a alavanca poderia ser muito mais intenso e ter menos possibilidade de se extinguir. Além disso, se a recompensa acontecesse em intervalos irregulares, como a liberação de moedas num caça-níqueis, o condicionamento se tornaria ainda mais intenso.

Agora chegamos realmente à melhor parte. Uma das contribuições mais úteis da pesquisa de condicionamento é como se livrar de um condicionamento que você não deseja mais. Há muitas maneiras de se extinguir um comportamento, mas sem dúvida o mais efetivo, humano e decente meio de fazê-lo é simplesmente parar de reforçá-lo. Assim, quando Skinner desligou o mecanismo do alimentador, os ratos acabaram por imaginar que não havia sentido em pressionar a alavanca porque isso não produziria mais comida — causa e efeito novamente. Se o caça-níqueis em que você estiver jogando nunca, mas nunca mesmo, lhe rendeu qualquer coisa, vai chegar um momento em que você vai parar de jogar.

É claro que a extinção de comportamento não acontece logo. O que ocorre é que o rato a princípio passa por uma explosão de rompimento, que se revela por uma agitação, quando ele pressiona freneticamente a alavanca, de um modo nunca visto. Então, gradualmente, o comportamento começa a enfraquecer. Mas não sem algumas explosões frenéticas no decorrer do processo, como se o rato estivesse pensando consigo mesmo: "Faz dois dias. Talvez esse psicólogo preguiçoso agora já tenha consertado esta máquina maluca". Isso parece familiar? Como um telefone público quebrado que continua a engolir suas fichas?

E aqui está a outra parte crucial. Se em qualquer momento desse processo gradual de extinção de comportamento você reforçar o rato quando ele pressionar a alavanca, mesmo que seja só por uma vez, a freqüência com que ele irá apertar a alavanca vai aumentar de forma dramática, muitas vezes numa intensidade muito maior do que antes! Essa é a pior coisa que pode acontecer. As figuras 10.1 e 10.2 ilustram isso. Estude os gráficos. Memorize-os. Grave-os

FIGURA 10.1

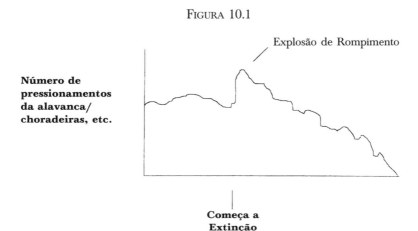

FIGURA 10.2

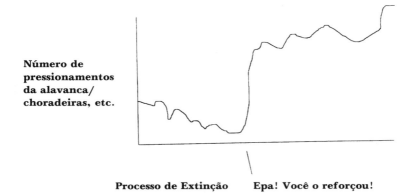

em sua mente. Eles contêm algumas das mais importantes informações que um pai pode conseguir.

Essa concepção skinneriana é a chave do sucesso do relacionamento entre pais e filhos em centenas de situações. Por que dizemos isso? Pela nossa experiência, os pais têm problemas na maioria das vezes quando se trata de impor limites aos filhos, e esta é a forma mais eficiente e humana de fazer isso. Todos os pais são capazes de empregar esse método, mas alguns não desejam ou não compreendem como isso funciona bem.

A eliminação de comportamentos inadequados

Você pode estar lendo este capítulo e pensando: "Venho tentando esse processo de extinção de comportamento, mas ele não funciona!" Esse processo de extinção de comportamento realmente funciona. De verdade. Mas exige prática, treino e acompanhamento. Para facilitar o emprego desses procedimentos, vamos destacar alguns dos erros mais comuns que todos cometemos quando estamos tentando eliminar comportamentos impróprios de nossos filhos.

1. SE VOCÊ VAI FAZER ISSO, ENTÃO FAÇA: NÃO VACILE

Você diz não ao seu filho, então ele começa a ter um de seus acessos, aí você se desmancha toda, em vez de permanecer à parte, como outra pessoa. Você afunda no mar de lágrimas e lamentações criado por seu filho. Sua culpa cresce. Você começa a se sentir envergonhada. À medida que sua ansiedade aumenta, também cresce a impotência de suas tentativas de controlar a situação. Em vez de conservar seu poder, mantendo-se firme e calma e deixando que as coisas tomem seu curso natural de extinção, você comete o erro comum mas trágico de presumir que, se continuar tentando, finalmente vai achar a chave para acabar com essa infelicidade. Mas não vai. Nunca achará. Não poderá fazer nada que não inclua maus-tratos contra seu filho, e você não quer chegar a esse ponto. Todos nós já vimos essa cena em supermercados e docerias. É um espetáculo doloroso do qual ninguém quer tomar parte ou nem mesmo observar. Portanto, uma vez que decidiu que vai ignorar a choradeira — já que começou a trilhar esse caminho —, você já se comprometeu. Jamais perca isso de vista.

2. IR ATÉ O FIM, E CONTINUAR AINDA MAIS UM POUCO

Isso pode parecer estranho, mas muitas pessoas trabalham durante meses até conseguir resolver com sucesso o problema dos filhos nos supermercados e, então, estragam tudo. Lao-tzu, o poeta-filósofo chinês, a quem se atribui a criação do texto básico do taoísmo, escreveu: "A maioria das pessoas falha quando está no topo do sucesso, por isso dê tanta atenção ao final quanto ao começo, e assim não haverá fracasso". Temos essa citação dependurada em uma parede de nossa casa e também em nosso consultório há já uns bons vinte anos, e nos tem servido bem e fielmente. A pesquisa de B. F. Skinner para a extinção de comportamentos condicionados é muito clara e inequívoca. Uma vez que tenha eliminado o reforço de um comportamento, precisa conservá-lo extinto. Não deve haver ses, es, mas, exceções, ocasiões especiais ou alívios para nossa consciência neurótica. "Não" significa "não".

O que acontece algumas vezes é que, depois de algumas semanas em que tudo corre bem, muitos têm a tendência a vacilar, como se dissessem: "Realmente esse processo funciona. Faz três semanas que minha filha não apronta nenhuma choradeira! Ela tem estado tão boazinha! Sinto-me até um pouco culpada pela batalha que ela teve de enfrentar. Talvez eu compre algum docinho para ela quando chegar no balcão junto à caixa!" Se você sentir a tentação de fazer isso, por favor, pare e lembre-se de que esse ato parecerá confuso e cruel para sua filha.

3. NÃO TENTE, REPETIMOS, NÃO TENTE ARGUMENTAR COM UMA CRIANÇA QUE ESTÁ FORA DE CONTROLE

Você pode pensar que argumentar com alguém que está fora de controle é uma boa idéia. Fazer isso com um adulto já não é uma boa idéia, agir assim com uma criança é uma tolice total. Observe o que acontece quando outros pais tentam fazer isso. Peça a alguém que não faça parte da família para que avalie — de forma objetiva, imparcial, dolorosamente honesta — você e seu filho vivendo uma situação dessas. Prepare-se. Nem sempre é agradável ouvir algumas verdades. Não temos muita certeza de onde surge essa posição extremada (em oposição àquela equilibrada) de argumentar com crianças pequenas, mas essa noção de que se deve sentar e argumentar com uma criança, o que é uma boa idéia em situações muito específicas, já ultrapassou em muito suas reais proporções.

Lidar com a choradeira é realmente muito simples. Ignore a criança que está berrando, esperneando e gritando no chão ao seu lado. Dirija um sorriso calmo e levemente embaraçado para as pessoas que estiverem à sua volta. Diga suave e firmemente: "Hoje estamos aprendendo uma lição muito importante. Desculpe-nos pelo barulho". As pessoas são muito compreensivas e gostam de ver pais que adotam atitudes saudáveis. Todas vão amá-la por causa disso. Você vai sentir pelo olhar delas o quanto a estão apoiando e vai perceber como a energia que lhe transmitem vai levantar seu ânimo. Já assistimos a isso mais de uma vez. É realmente um momento abençoado.

4. O QUE QUER QUE VOCÊ FAÇA, NÃO SABOTE SEU COMPANHEIRO

Há toda espécie de motivos pelos quais as pessoas se frustram ou frustram a seus filhos quando estão tentando extinguir um comportamento inadequado. O último que iremos mencionar é, ao mesmo tempo, sério e óbvio para as pessoas que não fazem parte do casal de pais. Isso acontece quando um dos pais sabota o outro durante o processo de extinção de comportamento. É raro que isso seja feito conscientemente, e quase sempre acontece motivado por diferenças previsíveis e básicas entre o casal, mas é essencial que não continue a acontecer. Os casais que não se apresentam unidos diante dos filhos não só se arriscam a confundi-los, como também podem prejudicar seu casamento. Um dos pais se torna o mocinho e o outro, o vilão. As crianças evidentemente vão pender para um lado em prejuízo do outro. Antes que alguém se dê conta, o casal já está com o divórcio em andamento. Se o Pai diz "nada de doces" no supermercado, e a Mãe os compra para a criança o tempo todo, cuidado!, estão procurando aborrecimentos.

O que mais precisamos aprender?

Aplicar princípios de condicionamento em situações práticas do dia-a-dia foi chamado originalmente de "modificação de comportamento". Você deve estar lembrado dessa expressão. A velha e boa modificação de comportamento era ensinada a todos os professores ativos e a milhões de pais jovens nos anos 60 e 70. Também funcionava. Mas como tantas outras tecnologias criadas pelos americanos, foi empregada em excesso, mal utilizada, exaurida, finalmente mal-entendida e, finalmente, descartada. Mais ou menos isso. Em parte, ela caiu em desgraça por algum tempo porque os modismos surgem e desaparecem na cultura ocidental. Assim, para aqueles que ainda não existiam no começo dos anos 70 e para os que já eram nascidos mas não se lembram, vamos descrever alguns elementos adicionais para a modificação de comportamento que podem ser úteis.

DEFINA OS COMPORTAMENTOS COM CLAREZA

Quando você diz: "Quero fazer meu filho parar de ser mal-educado", você está querendo confusão, porque "mal-educado" é um termo nebuloso que não vai ficar claro se você tiver de recompensar algum comportamento, ou extingui-lo, ou qualquer coisa desse tipo. E seu filho vai discutir com você sobre a imprecisão do que você quer dele, e ele vai ter razão. Mas, se você disser: "O comportamento que quero que meu filho abandone é o de dizer os três piores palavrões que ele costuma empregar", aí então você estará no bom caminho. Assim que você definir o comportamento claramente, ficará muito mais inclinada a não desistir de convencer seu filho.

A regra geral é que, se você pedir a um grupo de estranhos para que conte quantas vezes o comportamento ocorreu num dia, todos devem concordar sobre o número entre eles e com você. Mas se você diz que viu cinco incidentes em que seu filho demonstrou ser mal-educado, um estranho diz ter visto um, outro diz que observou dez, o outro vinte, então é evidente que o comportamento não está definido com suficiente clareza. Quando diz ao terapeuta que sua filha faz cena no supermercado, certamente esperamos que ele lhe pergunte o que você entende por "cena". Um pai respondeu à nossa dúvida, dizendo: "Cena. Você sabe. Uma cena. Ela gira os olhos, suspira e caminha até a saída, ficando ali até que eu tenha pago as mercadorias e esteja pronto para ir embora". Essa pode ser uma cena passiva-agressiva, mas certamente é diferente daquela em que a criança se atira no chão, gritando e ficando roxa porque prendeu a respiração. Algumas vezes os detalhes são importantes.

ALGUNS DIAS ANTES DE COMEÇAR A TENTAR MUDAR QUALQUER COISA, CONTE O NÚMERO DE VEZES EM QUE A CRIANÇA APRESENTA O COMPORTAMENTO

Isso é importante, por duas razões. Primeiro, você precisa saber a proporção do problema para poder avaliar se seu filho vai fazer progressos ou não. Segundo, precisa saber se é um problema que exige uma mudança. Uma das freqüentes e agradáveis conclusões quando se toma essa medida básica de avaliar o comportamento é descobrir que você realmente não tem problema. Seu filho não está mais xingando tanto. Ele costumava, mas gradualmente foi deixando isso de lado e a impressão que você tinha dele não acompanhou o processo. Isso é muito comum.

DESCUBRA UMA RECOMPENSA QUE REALMENTE GRATIFIQUE SEU FILHO

Tudo bem, pais, agora é hora de vocês tomarem conhecimento de que seu filho não é um de seus apêndices. Uma recompensa é

Vá em Busca de seu Objetivo

definida como alguma coisa que a criança está querendo trabalhar para conseguir e não aquilo que você pensa que seu filho está querendo. Se sua filha não quer trabalhar por dinheiro, porque isso não tem o menor sentido para ela aos 5 anos, então não o use como recompensa. Se seu filho odeia cinema, não lhe diga: "Vou deixar você ir ao cinema se você diminuir o número de palavrões para três por semana".

Sabemos que isso soa como o óbvio, mas muitas vezes quando as pessoas estabelecem um programa de modificação de comportamento, a princípio fazem coisas muito prejudiciais — como usar recompensas que não têm o menor sentido para o filho e depois ficarem bravas quando a criança não reage ao programa. Quando um programa de mudança de comportamento não está funcionando, a responsabilidade de imaginar o que não foi bem estabelecido inicialmente cabe aos pais. Esse é o significado de mudança de comportamento.

USE A PUNIÇÃO MUITO RARAMENTE, E ANTES DE FAZÊ-LO PERGUNTE A SI MESMO SE A SITUAÇÃO CHEGOU A ESSE PONTO PORQUE VOCÊ NÃO ESTÁ DANDO ATENÇÃO SUFICIENTE A SEU FILHO

Muitos pais quase não ficam mais com os filhos. Claro, eles podem estar na mesma sala, ou no mesmo carro, correndo de uma atividade para a próxima. Mas isso significa mesmo dar atenção? Uma das mais importantes e menores pesquisas que já lemos em publicações de psicologia foi uma análise comportamental do tempo e da energia consumidos para você sair do seu caminho para cumprimentar uma criança antes que ela cometa um erro, em comparação com o tempo e a energia gastos para corrigir crianças que normalmente não recebem atenção, depois que elas erraram. Se seus filhos estão brincando em silêncio no andar de cima, por mais de uma hora, num dia chuvoso, você pode:

1. Parar o que estiver fazendo por dois minutos (120 segundinhos), subir as escadas, passar casualmente pelo quarto deles, encos-

tar sua cabeça na porta e dizer: "Estou realmente impressionada! Vocês estão brincando tão bem. Obrigada".

2. Esperar mais alguns minutos até acabar uma última leitura no relatório que deve entregar amanhã, e até que as crianças tenham chegado ao limite do bom comportamento em um dia chuvoso, à saturação em relação umas às outras, e então... bem, você sabe.

É *tão* simples. Mas muitas vezes é humano ignorar as coisas até que surjam as crises. Isso demonstra para nós que, de qualquer modo, há muitas pessoas que simplesmente não têm mais tempo ou não arranjam tempo para os filhos. É sua obrigação criar o clima familiar.

SE VOCÊ TENTAR MUDAR MAIS DO QUE UM OU DOIS COMPORTAMENTOS DE UMA VEZ SÓ, CONSIDERE-SE PRESO

Esta é uma violação direta do princípio que estabelece que uma pequena mudança garante grandes resultados. Já criamos filhos, sabemos como é recompensador e também como é difícil esse processo. Sabemos que, quando as crianças ficam fora de controle, muitas vezes os pais fantasiam ter uma varinha mágica que pode mudar vinte coisas de uma só vez nos filhos. Mas a vida não funciona assim, por sorte. Como escreveu, em 1763, Stanislaus Leszcynski, rei da Polônia: "É uma sorte para a natureza humana que haja desejos que não possam ser satisfeitos. De outra forma, o mais miserável dos homens faria de si mesmo o dono do mundo".

A mais pura realidade é que os pais que têm algumas regras e as aplicam com firmeza tornam-se os melhores pais, pelo menos no que toca à disciplina. Espera-se que a disciplina ensine alguma coisa, não que mate o espírito da criança. Espera-se que ela ajude as crianças a ter respeito básico pelos pais e que aprendam por meio dela sobre estruturas e limites e não que a disciplina dê aos pais o domínio absoluto e total sobre os filhos. A mudança de um comportamento não é uma ferramenta para ajudar os pais a maltratarem mais os filhos ou a negligenciá-los. Deve ser usada com discrição, sabedoria, cuidado e amor.

11

As coisas boas que aconteceram a alguns pais que resolveram amadurecer: uma típica história de sucesso

Se você já leu este livro até aqui deve estar imaginando como é para os pais mudar depois de manter um tipo de relacionamento com os filhos durante muitos anos. Afinal, negociar os *pontos difíceis desse relacionamento* é uma tarefa trabalhosa para qualquer um, principalmente para os pais de agora, sobrecarregados de obrigações. Na verdade, as pessoas que *decidem* mudar mudam. Além disso, não importa que idade você tenha, se começar a fazer as mudanças hoje, isso vai se refletir positivamente em cada um dos membros da família por gerações sucessivas. Trabalhamos com as pessoas já na casa dos 70 e 80 anos que decidiram que era tempo de deixar as coisas mais claras para si mesmas e em relação aos seus queridos, e podemos assegurar-lhe que as mudanças que eles fizeram deram resultados positivos nas respectivas famílias.

Eric, Pamela e Bobby Jamison

No capítulo 1, apresentamos ligeiramente a família Jamison. Se você ainda se lembra, eles vieram até nós com uma questão fundamental relacionada ao filho de 5 anos, Bobby. Na seqüência, eles fizeram sessões de terapia familiar durante as quais ficou claro que o problema era maior do que deixaram perceber de início. Bobby estava tendo uma média de quatro acessos de choro e raiva por dia, o horário de dormir era um pesadelo, e tarefas simples como escovar os dentes transformavam-se em batalhas que Bobby sempre vencia. De fato, Eric estava a ponto de sair de casa com medo do que pudesse fazer se permanecesse lá. O sistema tinha saído totalmente de controle.

Você também deve estar lembrado de que começamos por dizer que admirávamos o desejo deles de trabalhar o problema e que, evidentemente, eles gostavam do filho. Caracterizamos então o problema como o resultado do não-funcionamento dos métodos empregados, mais do que por seus objetivos serem equivocados. As metas deles eram boas, mas muito vagas.

Graças a tudo o que você sabe sobre desenvolvimento infantil, tanto pela leitura de livros como pela simples observação das pessoas, podemos pedir-lhe para imaginar neste ponto o que Bobby poderá ser quando tiver 13, 18, 23 e talvez até 30 anos, se Eric e Pamela continuarem a criá-lo como têm feito até agora. Ele terá problemas para controlar seus impulsos? E no relacionamento com outras pessoas? O que vai acontecer quando tiver uma prova particularmente desafiadora quando for prestar o vestibular? Que espécie de amigo ele será quando crescer? Como vai se comportar como marido? Também, que espécie de casamento será o de Eric e Pamela daqui a cinco anos, quando Bobby tiver 10? Assim que tiver feito isso, continue a ler este capítulo e dividiremos com você nas próximas páginas o resultado do bom trabalho feito com essa família.

Padrões familiares

Explicamos aos Jamisons que eles estavam numa situação boa graças à idade de Bobby: quanto mais jovem a criança, mais fácil fazer as correções de trajetória. Pelo volume de nossa clientela, nossas sessões iniciais de avaliação incluem algum tempo para que possamos mapear os genogramas em nosso escritório. Isso pode ser muito útil quando se trabalha com casais, porque dá a cada um dos parceiros uma idéia mais clara das origens do outro e de que modo foram instalados seus "disparadores". Um genograma é como uma árvore genealógica, mas nesse caso o que está em foco são os padrões comportamentais, mensagens conscientes e inconscientes, temas, questões de saúde mental e física, e assim por diante. Enquanto estamos fazendo os genogramas deles, nós e os pais normalmente conseguimos ter uma idéia melhor de onde surgiram seus problemas.

O que descobrimos é que Eric veio de uma família em que os conflitos abertos eram desaprovados. Isso acontecia indiretamente, porque o conflito nunca parecia ocorrer de verdade. Perguntamos a Eric como seus pais resolviam os conflitos e sua primeira reação foi dizer que não conseguia se lembrar de que eles tivessem tido muitos conflitos. Assim que continuamos a explorar a dinâmica de sua família, Eric foi capaz de finalmente perceber que *todos* têm conflitos, incluindo seus pais. Então ele se perguntou: "Como eles *resolviam* seus conflitos e que lições eu aprendia dessas situações?" O que ele aprendia era que seu pai simplesmente se submetia à mãe quando tinham alguma divergência. "Ah!", ele exclamou. "Acho que começo a entender. Eu tenho medo de que surja um conflito e o meio que tenho de evitar isso é concordar com Pamela o tempo todo!" Ele ficou emocionado com a descoberta, e Pamela também.

Pamela já sabia que tinha vindo de um família com problemas mais evidentes. A mãe dela era fraca e inconsistente e se apoiava demais em Pamela, tanto para cuidar da casa quanto na parte emocional. A maneira de o pai lidar com a esposa era ocupando-se o tempo todo com o emprego, tarefas diversas, encomendas e trabalho voluntário, e ficando raramente em casa. Mas ele mantinha bem a família e era muito considerado pela comunidade por sua bondade e desejo de ajudar, assim, é claro, era difícil para Pamela reconhecer que ele a tinha inadvertidamente abandonado nas mãos da mãe e, de maneira indireta, ele a usara como escudo. O resultado de tudo isso foi que ela fez uma promessa inconsciente, quando ainda era menininha, de que, quando crescesse, iria garantir que seus filhos pudessem aproveitar a infância.

Você provavelmente já percebeu no que deu essa promessa. Pamela começou seu relacionamento no papel de mãe com uma ferida aberta em relação a ter tido uma infância sobrecarregada de trabalho, emocionalmente abandonada e sentindo falta de segurança e prazer. Ela acabou por se tornar muito indulgente com Bobby e permissiva demais em suas tentativas de afastar de si as deficiências de sua própria infância. O que ela precisava era de um parceiro forte que pudesse discordar dela amorosamente e assim ajudá-la a descobrir o equilíbrio com o qual ela estava sonhando havia tanto tempo. Eric começou a desempenhar seu papel de pai com um medo não-resolvido de se posicionar nas relações mais próximas e também de expressar sua raiva de modo geral. Como seu pai havia feito antes dele, Eric decidiu minimizar a área de conflito submetendo-se a Pamela e, assim fazendo, ele realmente a decepcionou, deixando-a agir dentro daquilo que a magoava, mesmo sabendo que isso não fazia bem a ela, nem a ele, nem ao Bobby. Em outras palavras, ele estava reeditando não somente sua própria infância mas também a de Pamela — o Pai que não agia muito como pai.

Algumas pessoas acreditam que, uma vez tendo recuperado seus modelos, o trabalho deles está findo, e se perguntam por que as coisas não melhoram. Fazer esse tipo de trabalho não é um fim em si mesmo. É apenas um dos degraus ao longo do caminho. Pode ser muito útil, entretanto. Se tanto Eric quanto Pamela tivessem dificuldade para ir até o fim com o programa de mudança de Bobby, já teria sido útil saber o que os tinha impedido. Identificar esses modelos desde o começo torna mais fácil criar um programa de mudança de comportamento.

O programa

O próximo passo do processo era Eric e Pamela estabelecerem um programa comportamental inicial para Bobby. Tendo em vista os princípios de modificação comportamental apresentados no capítulo 10, pedimos a eles que começassem com apenas um comportamento. No começo, eles torceram o nariz para a idéia. Todo o sistema estava fora de controle e, se eles não fizessem algumas mudanças drásticas rapidamente, não podiam imaginar o que iria acontecer, era o que eles diziam. Explicamos novamente por que eles seriam mais bem-sucedidos se começassem com um comportamento, e então pedimos a eles que acreditassem que isso poderia funcionar. O que teriam a perder só por tentar?, perguntamos a eles. Eles concordaram, e escolheram o horário de ir dormir como seu primeiro objetivo.

Primeiro, os Jamisons definiram o que seriam obediência e desobediência. O objetivo era que Bobby estivesse em seu quarto, com a porta fechada, e "razoavelmente quieto", por volta das oito horas, todas as noites. A desobediência abrangia desde o "não" dito por Bobby, acessos de raiva, ir para a cama e poucos minutos depois aparecer na sala pedindo um copo d'água ou uma história, ou ficar no quarto com a porta fechada mas choramingando ou gritando. Decidiram que não haveria problema se ele estivesse cantando, falando consigo mesmo ou assobiando, desde que estivesse com a porta fechada. Um pouco antes, Pamela perguntara se seria prejudicial se ele chorasse até dormir, deitado atrás da porta fechada. Ela podia sentir os fantasmas de sua infância sussurrando em seus ouvidos. Explicamos a ela que nunca soubemos de nenhuma criança que tivesse sofrido algum dano por dormir no chão junto à porta durante algumas noites, e que assim que ele percebesse que a manobra não funcionava, ele se decidiria a dormir na cama, o que era, sem dúvida, muito mais confortável. Ela assumiu corajosamente que isso seria muito difícil para ela, e Eric pôs suas mãos sobre as dela cumprimentando-a pela coragem quando surgiram lágrimas nos olhos de Pamela.

Em seguida, eles fizeram o registro do comportamento durante sete dias para formar uma linha mestra para poder avaliar o impacto do programa. Tão rígido ou tão coercivo quanto possa parecer, lembre-se de que estamos lidando com um sistema que está fora de controle, portanto, voltar atrás para ver exatamente como era grave o problema, é uma coisa muito útil. Eles admitiram que era difícil ser paciente e apenas registrar o comportamento, quando sabiam que o que desejavam era começar imediatamente a mudar a situação. Mas eles registraram o comportamento, e fizeram isso muito bem. Quando voltaram com os dados da sua linha mestra, a primeira coisa que os dois disseram foi que estavam assustados com a extensão do problema e que o processo de registro já os tinha ajudado a ser mais objetivos e imparciais. Eles também notaram que isso os ajudara a preocupar-se mais com o fato do comportamento de *Bobby* ser pernicioso para ele mesmo do que pelo fato de ser desgastante para *eles*, pais. Essa percepção permitiu que eles se tornassem ainda mais objetivos e decididos no seu desejo de ir até o fim com o programa de mudança. As coisas estão melhorando, disseram eles.

E então chegou a hora do verdadeiro programa de mudança. Ajudamos Eric e Pamela a compreender que sentimentos como culpa, pena, medo e tristeza, relacionados a Bobby, misturados à raiva voltada contra o menino, contra eles e contra nós seriam normais durante os primeiros dias, e que esperar qualquer coisa diferente seria irreal e não faria bem a eles. Nós também os fizemos lembrar que eles deveriam se permitir depender de quantos apoios conseguissem durante esse período, porque precisariam de toda ajuda para resistir ao desejo de sabotar o programa. Eles voltaram para relatar como tudo estava correndo. Pamela explodiu em lágrimas, e os lábios de Eric tremeram e ele ficou todo tenso. Era *tão* difícil, disse ela. Aquela situação lhe trazia muitas mágoas antigas, e ela não sabia se conseguiria ir até o fim. Eric assumiu um grande risco e disse que ficava furioso com a possibilidade de que Pamela não fosse capaz de ir até o fim. Ele também disse que a amava e que continuaria lhe dando apoio, não importava o que acontecesse.

Conforme conversamos sobre os seus esforços até ali, o que surgiu foi que eles estavam sendo muito mais bem-sucedidos do que tinham imaginado. A primeira noite, previsivelmente, foi muito difícil. Bobby chorara, gritara, tinha se enfurecido, tentara todos os truques do manual para ficar acordado até mais tarde. Mas eles foram até o fim, e naturalmente Bobby acabou dormindo perto da porta fechada enquanto os Jamisons se deixavam levar pela fantasia de que eles estariam causando um dano irreparável ao filho. Na manhã seguinte, eles agiram como se nada tivesse acontecido e fizeram um esforço especial para parecerem tão positivos e tão para cima quanto possível sem dar a impressão de que estavam fingindo. Bobby pareceu estar bem. Na noite seguinte, Bobby teve mais um de seus acessos e tentou diversos truques, mas não todos. Os Jamisons tinham registrado todas as atitudes de Bobby para poder estabelecer o programa, assim, quando consultaram seus dados conosco, de repente perceberam que as coisas tinham melhorado já na segunda noite. Nós os cumprimentamos pelo trabalho que tinham feito até ali e demos um jeito de mencionar, de leve, que agora eles estavam no processo de reprogramar o *software* que estava com problemas e que tinha sido instalado neles quando ainda eram crianças. Os dois enrubesceram, pois continuavam com medo intermitente de estarem ferindo Bobby e de que talvez não fossem capazes de ir até o fim.

Avanço gradual nos problemas

As três noites seguintes renderam um firme progresso. Eric, Pamela e Bobby estavam sendo bem-sucedidos. A ambivalência de Eric e Pamela continuava, também. Uma parte deles estava orgulhosa deles mesmos e de Bobby pelas mudanças que estavam conseguindo fazer, e a outra parte sentia-se culpada e triste. Eles se descobriram sentindo pena de Bobby quando ele "obedientemente deu boa-noite", e os dois se sentiram péssimos porque ele estava na cama, sozinho, no escuro, enquanto eles calmamente aproveitavam algum tempo, muito necessário, a sós. Eles estavam se sentindo egoístas e perguntavam a si mesmos se era isso o que chamavam de comportamento de bons pais. Pamela perguntou a Eric: "Será que o Bobby não vai se sentir abandonado por nós? Me parece tão cruel dizer-lhe apenas 'boa noite!' depois de contar uma historinha, fechar sua porta, e então descer e assistirmos à televisão e passarmos tanto tempo sozinhos. Talvez devêssemos subir e acomodá-lo na cama mais uma vez". Por uma fração de segundo ela pôde se sentir como se fosse ainda uma menininha de volta ao próprio quarto, cansada e solitária, imaginando se alguém de sua família se importava com ela.

Eric também estava confuso. Ele se sentia aliviado porque Bobby estava calmamente acomodado para dormir, mas ele podia observar o sofrimento no rosto de sua mulher e seu coração doía por ela. Depois de lutar com esses dois sentimentos por um instante, Eric ouviu a si mesmo dizendo: "Acho que não vai fazer mal nenhum. Afinal, ele *tem estado* tão bem". Conforme tomava consciência das palavras que havia dito, ele se encolheu, chocado com o que tinha acabado de dizer, mas já era tarde, pensou. Pamela parecia tão aliviada, que Eric não se atreveu a voltar atrás. *Aquilo* poderia ter partido o coração dela. Assim, subiram. Por fora, estavam sorridentes, mas, por dentro, os dois estavam vagamente conscientes de estarem sentindo culpa e vergonha por ceder a um impulso e fazer algo que eles sabiam que não era bom nem para eles nem para Bobby.

Abriram a porta e a luz do corredor iluminou o rosto do menino. Ele olhou, sonolento e confuso a princípio, e perguntou: "O quê?" A ambivalência de ambos cresceu quando um olhou para o outro. "Uumm...", Pamela disse. "Uumm", começou Eric, "Nós... uumm... pensamos que você se comportou tão bem a semana inteira na hora de dormir que subimos para lhe dar boa-noite mais uma vez". Bobby, que já estava quase dormindo quando eles abriram a porta, ainda estava meio zonzo. Pamela abraçou-o bem apertado por um segundo, Eric deu umas palmadinhas amorosas na cabeça do filho, e ambos disseram: "Boa noite!", e Bobby respondeu: "Boa noite!", e eles saíram, fechando a porta. Desceram silenciosamente as escadas até a sala, sentindo um misto de alívio, vergonha e ansiedade em relação ao que poderia acontecer em seguida.

Não tiveram de esperar muito tempo. Cinco minutos depois de terem deixado o quarto, Bobby apareceu na sala, arrastando o co-

Vá em Busca de seu Objetivo   157

bertor, com os cantos da boca virados para baixo e dirigindo um olhar suplicante para eles. "O que você quer, querido?", perguntou Pamela.

"Posso sentar no seu colo um pouquinho?", ele choramingou.

"Não, Bobby. Já passou da sua hora de dormir. Volte para a cama", disse Eric, tentando assumir o comando da situação.

"Mas eu não estou com sono", Bobby choramingou mais alto. "Vocês me acordaram e eu perdi o sono!"

Pamela replicou: "Vamos, querido. De volta para a cama".

Bobby levantou a voz e disse: "Não quero! E não *tenho* de ir!"

A pressão de Erik subiu, ele sentiu o rosto queimando e olhou com raiva para Pamela, virando os olhos sarcasticamente, como se dissesse que aquilo tinha sido culpa dela e que, se ela não fosse tão sentimental, aquilo não teria acontecido.

Pamela sentiu o desprezo de Eric e revidou: "Você é tão desgraçadamente passivo-agressivo que chega a ser patético. Não fique aí virando os olhos e bufando contra mim!".

Ao ver os pais brigando, os olhos de Bobby foram se arregalando, o coração dele começou a ficar pesado. Como sua ansiedade crescia cada vez mais, ele gritou: "Quero um copo de leite!"

Pamela se virou para o filho e gritou com toda a força de seus pulmões: "Você vai já voltar para a cama, antes que eu perca a paciência e bata tanto em você, que não vai conseguir se sentar por uma semana. Vá para a cama!!! Já!!!" Ela investiu contra ele, cega de raiva, com o punho fechado e o braço levantado, pronta para bater. Eric gritou para ela: "Pamela, pare! Você vai machucá-lo!" Pamela girou nos calcanhares para ficar de frente para Eric. No percurso, seus olhos captaram a presença de um vaso sobre um pedestal perto da janela da sala. Ela foi naquela direção, levantou o vaso, girou-o e atirou-o em Eric. Ele se abaixou, e o vaso se espatifou contra a parede. Bobby gritou e começou a soluçar. Eric caminhou em direção a Pamela. Ela saiu intempestivamente da casa. Eric voltou para acalmar Bobby, que estava encolhido no mesmo lugar onde estivera em pé minutos atrás. A casa estava estranha, dolorosa, silenciosa, exceto pelo latido de um cachorro na vizinhança. Dois quarteirões abaixo, com lágrimas correndo pelo rosto, Pamela soluçava: "Senhor, nos ajude. *Não dá* para continuar desse jeito. Isso está ficando monstruoso".

O começo do casamento deles

Pamela voltou para casa meia hora depois, encontrando Bobby calmamente deitado em seu quarto e Eric passando o aspirador para limpar os últimos cacos de vidro do chão. Ambos estavam com medo do pior. Sentiam como se esse fosse o começo do fim do casamento e da família. Eles se sentiam doentes, perdidos, assustados, vazios, solitários, confusos e desgastados. No dia seguinte, eles telefonaram para marcar uma hora e, depois que nos contaram rapidamente o que tinha acontecido, nós lhes dissemos que viessem para uma sessão. Quando entraram no consultório, eles pareciam muito infelizes. Nós lhes explicamos que queríamos usar metade da sessão para falar a respeito do que tinha acontecido na noite anterior e a outra metade para continuar com o programa de mudança. Eles nos olharam com surpresa. Estávamos agindo como se aquilo já fosse esperado e que tudo ainda poderia dar certo.

Pamela descreveu seu acesso violento de raiva. Eric descreveu sua tentativa de intervir e a explosão que resultou disso. Ouvimos pacientemente. Depois que os dois descreveram suas experiências da noite anterior, pegamos as duas cartelas contendo os genogramas para ver se eles poderiam detectar alguns padrões que pudessem ajudá-los a explicar o que tinha acontecido, o que eles fizeram. Explicamos a eles que o que tinha acontecido era um passo previsível para que se tornassem adultos saudáveis. Nossos velhos padrões irrompem no presente, assim podemos trabalhar com eles e superá-los. Explicamos que as pessoas inconscientemente escolhem um parceiro que permita a elas "expor suas velhas feridas", para que possam assim curar essa parte, permitindo que ela se torne "parte do que há de melhor" em vez de "parte do que há de pior " em cada um de nós.

Eric deu um pulo e disse: "Então, uma das minhas deficiências infantis é o medo de me afirmar, fazendo com que eu tenha que me submeter o tempo todo. E essa luta com Bobby está me dando a oportunidade de chegar lá e defender aquilo que acho certo".

Pamela acrescentou: "E é evidente que eu preciso superar o que me aconteceu quando eu era criança, para que eu não deixe mais esses velhos sentimentos interferirem quando quero estabelecer limites para o Bobby".

Concordamos. Eles começavam a superar a culpa e a vergonha da noite anterior, enquanto se aproximavam um do outro como membros do mesmo grupo. Explicamos que todos sofrem um pouco para crescer e, para que nos tornemos adultos saudáveis, precisamos tomar decisões baseadas mais no que sabemos que é certo do que naquilo que nossos velhos sentimentos nos ditam. Pamela pareceu envergonhada quando disse: "Eu sabia que não deveríamos ir ao quarto de Bobby depois que ele já estava acomodado. Mas, por instantes, tudo aquilo brotou da escuridão e eu deixei que tomasse conta de mim". "Sim", respondemos. "Isso vai acontecer de tempos em tempos. E parte do trabalho coletivo de vocês é se tornarem cada vez mais conscientes do momento em que vai acontecer, e então ajudar um ao outro a se manter nos trilhos".

"Mas, em princípio, o que poderíamos ter feito para evitar essa crise?", perguntou Eric. "Se não soubermos fazer isso, estamos perdidos". Pamela disse que gostaria que Eric tivesse firmado o pé e a tivesse impedido. Eric disse que, se tivesse feito isso, Pamela teria explodido contra ele. Perguntamos a ele se conseguiria lidar com a fúria dela contra ele por alguns minutos. Ele pensou um pouco e disse que provavelmente conseguiria, mas não gostaria de fazer isso. Ele então se voltou para a mulher e disse: "Pamela, eu só queria que você tivesse um pouco de autoridade. Você vem estragando Bobby desde o primeiro dia, porque queria desfazer a sua...".

Como o rosto de Pamela de repente se contorcera de raiva, nós o interrompemos, dizendo: "Eric, pare!" Ele parou. Nós continuamos: "Queremos que você refaça a frase que estava dizendo, mas queremos que o faça sem vergonha, sem atribuir culpas, nem apontando um dedo acusador ou psicoanalisando. O que você quer realmente de Pamela, no futuro?"

Ele disse: "Pamela, vou trabalhar para tomar parte da educação dele como você pediu. O que eu gostaria que você fizesse é que me avisasse quando estiver sentindo que esses sentimentos estão aflorando — mostre-me isso de alguma forma".

O rosto de Pamela suavizou-se, e ela disse: "Posso trabalhar com isso, Eric. O que pode me ajudar bastante é saber que você quer ouvir como estou me sentindo a respeito. Assim, não me sentirei tão isolada e solitária com esses sentimentos".

"Falar sobre os sentimentos retira boa parte do poder deles", dissemos. "E compartilhar os sentimentos um com o outro — mesmo os de braveza — afinal vai aproximar vocês." Eles estavam entendendo. Estavam começando a reconhecer que não importa quão separados estivessem, seriam capazes de ficar mais próximos. Já percebiam que cada um tinha seus próprios problemas com os quais lutar e que ninguém poderia substituí-los nessa batalha. Este é o processo chamado de "individualização". Ao mesmo tempo, eles começavam a perceber que podiam ser aliados um do outro nessas batalhas — não tinham de lidar com elas isoladamente. Então pedimos a eles que dissessem o que eles *apreciavam* nas deficiências infantis do companheiro, o que os tirou do ar por algum tempo. Pamela finalmente disse: "Eric, eu realmente gosto de sua gentileza e desejo de não deixar os conflitos subirem à tona. Essa foi uma das razões pelas quais me apaixonei por você".

Eric disse: "Pamela, gosto do seu jeito organizado e tão desejoso de construir uma vida boa para Bobby. Você é uma mãe maravilhosa".

Algumas lágrimas surgiram nos olhos de Pamela. "Ó, Eric", ela começou a dizer. "Este não é o fim do nosso casamento. É apenas o começo."

Eric sorriu e disse: "Não é engraçado? No dia seguinte àquele em que pensamos estar tudo acabado é exatamente o dia em que tudo começa. Estávamos precisando daquela briga há muito tempo".

Ela disse: "Eu sei, ela estava sendo construída. E nós dois estávamos assustados demais para deixá-la acontecer. Agora, sinto que as coisas estão muito melhores".

Nós perguntamos então a Eric e Pamela se eles estavam prontos para continuar o importante trabalho de criar novos modelos que serviriam a eles muito bem pelo resto de seus dias como pais. Como a esperança substituíra o medo e a vergonha em suas expressões, eles sorriram e responderam "sim". Prosseguimos examinando como o programa de mudança estava funcionando de maneira geral. Conversamos sobre a melhor maneira de retomar do ponto em que eles haviam interrompido. Eles decidiram pedir desculpas discretamente a Bobby, sem fanfarra nem banda de música, por terem ido ao seu quarto na noite anterior, reafirmar o horário de ir para a cama que haviam estabelecido, e também agradecer-lhe por estar indo tão bem até aquele momento.

Além da crise

Como você já deve ter suposto, a descrição desse caso foi resumida para ficar mais acessível no espaço de um livro. Em situações como essa, algumas famílias levam um tempo real de diversos meses, às vezes anos, do começo da crise até a sua solução, dependendo do grau de prontidão dos pais em relação a mudanças. Em algumas famílias, uma crise dessas proporções nunca acontece. Tudo depende daquilo que os parceiros trouxeram para começar o seu relacionamento, quanto tempo o problema ficou sem ter sido encaminhado e sem solução, a ocorrência de outras crises e a solidez do casamento. A descrição desse caso foi também apenas uma amostra do que acontece quando os pais aprendem a aplicar programas de mudança de comportamento em seus filhos. Especialmente nas primeiras fases do programa, uma boa parcela de remendos tem de ser feita, em função das reações individuais de cada criança. Os pais precisam dar a si mesmos muito tempo para que um programa de mudança funcione, e precisam permanecer tão abertos, flexíveis e inovadores

162 As Sete Piores Coisas que os Pais Fazem

quanto conseguirem. Nos casos em que os velhos modelos estão profundamente entrincheirados e não-tratados, o apoio exterior é muito valioso, como o treinamento exterior feito com um profissional.

E lembre-se

Tenha em mente que o objetivo do programa de mudança comportamental não é para torná-lo um ditador, mas para que tenha alguma estrutura razoável e limites para seu filho, a fim de que ambos possam se sentir saudáveis. O outro objetivo é você aprender a assumir um encargo, para que assim seu filho possa se sentir em segurança. Em muitos casos, talvez na maioria, uma vez que os pais tenham imposto e aplicado com firmeza um novo limite, como a hora de dormir, os filhos vão levá-los mais a sério quando forem impostos outros limites, porque saberão que a manipulação não fará efeito. É por isso que não podemos deixar de incentivá-lo a escolher um *comportamento definido* para mudar e apegar-se a ele durante meses, antes de tentar mudar alguma outra coisa. Não estará apenas estabelecendo um horário de dormir quando fizer isso. Estará comunicando a seu filho que você é também o responsável por certas partes da vida dele e que não importa a quantidade ou intensidade de beiços, choradeiras, chantagens, lamentações ou outras manipulações, pois nada disso fará a menor diferença. Em outras palavras, vocês estarão recuperando suas vidas e criando casamentos saudáveis e filhos sãos no correr desse processo. Uma vez tendo alcançado isso, a grande crise e todo o drama que a acompanha terão chegado ao fim.

12

Alguns conselhos finais sobre o relacionamento entre pais e filhos

Quando o assunto é o aperfeiçoamento de si mesmo, descobrimos que, se os leitores incorporarem uma ou duas dicas em suas vidas, então o livro terá sido um sucesso. Isso é especialmente verdadeiro quanto mais nossos leitores estiverem abertos a descobertas inesperadas em suas vidas. A descoberta de modelos individuais, princípios ou verdades ocorre mais concretamente quando estamos desejosos e capacitados a "enxergar" a vida a partir de novas perspectivas. Embora a declaração acima possa ser redundante, vale a pena expressá-la mais de uma vez, porque essa espécie de abertura é a chave para sejam feitas mudanças duradouras no eu. Afinal, a diferença entre uma vida confiante e uma vida repleta de desconfianças não é como a própria vida se manifesta, mas como decidimos interpretar os acontecimnetos à medida que eles ocorrem. Se eu estiver trabalhando no modelo vítima, verei a vida infeliz, insegura, cruel e malévola. Se eu estiver trabalhando mais como um adulto amadure-

164   As Sete Piores Coisas que os Pais Fazem

cido, a vida será para mim emocionante, desafiadora, dolorosa às vezes, infeliz às vezes e basicamente boa.

Com esses pensamentos em mente, gostaríamos de completar este livro com alguns conselhos gerais finais que podem ser úteis para você, especialmente se não tiver sido capaz de aplicar nenhuma das sugestões anteriores. Gostaríamos também de lembrar-lhe de que você pode não concordar com tudo que escrevemos aqui, ou pelo menos com grande parte. Pedimos simplesmente que estejam abertos à possibilidade de que há uma verdade em algum lugar deste livro que pode torná-lo um pai melhor. Se você leu o livro até aqui, já deve ter descoberto isso. Caso contrário, fique aberto às possibilidades que estão contidas em pelo menos um dos conselhos formulados em seguida.

As onze melhores coisas que os pais podem fazer

1. SE SEU PASSADO ESTIVER ATRAVESSADO EM SEU CAMINHO, DÊ UM JEITO DE AFASTÁ-LO

Isso pode parecer elementar, mas não é. Não existe uma infância perfeita e, o que é mais importante, uma porção de gente que acredita que viveu uma infância quase perfeita, na verdade viveu um período tormentoso. Já trabalhamos com milhares de pessoas que "sabiam" racionalmente que não estavam criando bem seus filhos por causa dos fantasmas do passado que continuavam a assombrá-las; entretanto, elas decidiram não fazer nada a respeito porque tinham muito medo ou estavam muito envergonhadas. Esperavam que seus filhos se tornassem adultos quando elas ainda não tinham conseguido chegar nesse estágio de amadurecimento. Todos nós, incluindo os autores, fazemos isso em alguma medida. Mas, se você continua a viajar em seu próprio passado, por favor reúna coragem para fazer alguma coisa a esse respeito. Todos têm coragem para fazer esse trabalho. Remover os fantasmas da infância não tem nada que ver com pôr a culpa em alguém — trata-se de retirar as vendas dos olhos para poder parar de ser prisioneiro de modelos prontos que você recebeu quando criança.

Na fase inicial desse tipo de trabalho, você pode estar bravo com o modo com que foi tratado ou com os erros que seus pais cometeram. Mas um bom terapeuta vai ajudá-lo a identificar aqueles sentimentos, para então auxiliar você a reenquadrá-los numa perspectiva adulta e assim poder seguir adiante. Essa é a diferença. O resultado final desse tipo de trabalho não é permanecer com raiva. É encontrar paz, aceitação, perdoar quando for necessário, e poder seguir adiante para viver o resto de sua vida de uma maneira mais saudável.

2. FALE COM OUTRAS PESSOAS SOBRE SUAS DIFICULDADES QUANTO AO SEU RELACIONAMENTO COM OS FILHOS — SE ESTIVER COM MUITO MEDO OU MUITO ENVERGONHADO, FAÇA UM ESFORÇO PARA ISSO

Uma das principais diferenças entre os que batem em criança e os que não batem é que os que não batem desejam falar com outras pessoas sobre os problemas que enfrentam como pais, e especialmente sobre esporádicas sensações de desespero, desânimo ou raiva na hora de criar os filhos. Falar sobre esses sentimentos mais íntimos e reveladores é o que nos impede de manifestá-los concretamente. Se você ficar muito envergonhado desses sentimentos normais entre as pessoas e, assim, não falar a ninguém sobre eles, você tem grandes possibilidades de acabar batendo em seu filho.

Bons pais conversam sobre seus dilemas e confusões com outras pessoas. Alguns não sabem como fazer isso, ou onde encontrar gente com quem falar. Nesse caso, você tem muitas opções. Pode telefonar para um psicólogo ou para uma clínica especializada e perguntar se eles sabem de algum grupo de apoio para pais, ou então ligar para algum serviço telefônico de atendimento psicológico, ou para sua igreja, ou pode mesmo conversar com um conselheiro da escola de seus filhos, ou com um vizinho; há muitas opções.

3. LEMBRE-SE DE QUE NÃO HÁ PAIS, NEM FAMÍLIAS, NEM FILHOS PERFEITOS

Por que é importante lembrar-se disso? Porque ao conservar isso em mente, você automaticamente livra-se de grande parte da pressão sobre si mesmo para ser perfeito, o que resulta em menos pressão sobre seus filhos, o que torna a vida familiar muito mais agradável. Algumas pessoas ficam muito irritadas com isso porque ainda querem tudo preto no branco. Você também tem de ser perfeito ou será um monstro. Essa é uma visão infeliz. Há muitas crianças mimadas por aí, e há muitas crianças maltratadas também, além de todas as outras que se encontram entre um extremo e o outro. As crianças emocionalmente mais estruturadas vêm de famílias que esperam que elas sejam boas, mas que também esperam que, às vezes, elas cometam erros, divirtam-se e fiquem confusas.

Tornar-se pai ou mãe provoca uma enorme alegria e, em algumas ocasiões, tristeza e sofrimento. Ser adulto significa aceitar tudo isso. Há um certo sentido em dizer que ser um bom e pacífico adulto tem muito em comum com ser um bom pai. Por isso, arranje lugar em seu coração para suas próprias falhas e também lute para se tornar uma pessoa melhor, enquanto passa por sua breve estada nesta vida. Ao manter essas duas coisas equilibradas em você, terá grandes chances de mantê-las equilibradas para seus filhos.

4. OS FILHOS NÃO ESTÃO AÍ PARA CRIÁ-LO, SERVI-LO, ACONSELHÁ-LO OU SERVIR DE APOIO EM SUA VIDA SOCIAL

Seus filhos precisam ter responsabilidade, mas não devem ser escravos nem adultos em miniatura. Se você não tem outros adultos fazendo parte de sua vida, encontre-os. Algumas pessoas dizem: "Não tenho tempo para fazer novos amigos" ou "Tive uma infância péssima e não confio nas pessoas" ou "Não saberia por onde começar para arranjar novos amigos" ou "Meus filhos adoram ficar em casa comigo, além disso, assim eles ficam longe das más companhias".

Mas, ao se apoiar nos filhos, usando-os para ter uma vida social, você os atrofia de tal maneira que eles não conseguem amadurecer, o que significa que eles podem acabar morando com você e vivendo sua vida em seu lugar, até os 30, 40, 50 anos, e por aí afora.

Seus filhos devem ter obrigações? Claro que devem. Mas se você esperar egoisticamente que eles fiquem à sua disposição, ou que eles deixem tudo na vida deles, quando você, levada por um capricho, decidir que precisa deles para algumas tarefas domésticas, então pedimos a você que examine o que está fazendo com eles e com você mesma. Trate de imaginar o que é razoável esperar de crianças ou jovens com a idade deles. Converse com outras pessoas, se você não tiver nenhuma idéia a respeito ou se suspeitar que o que fazia quando criança não era razoável. Depois, sente-se com seus filhos e monte um sistema pelo qual eles possam se guiar e com que eles possam contar. E assuma o comando. Assegure-se de que eles irão até o fim, e então os deixe sozinhos. Seus filhos precisam ter obrigações e participar da vida de família, mas não pare seu filho quando ele estiver saindo para ir a uma festa para lhe dizer que ele não pode sair porque você precisa dele para ajudar a lavar as janelas, e agora à noite. Você não precisa dele agora, mesmo que esteja pensando que sim.

5. LEMBRE-SE DE QUE AQUELA PEQUENA MUDANÇA MANTIDA COM FIRMEZA É MAIS VALIOSA DO QUE MILHARES DE GRANDES MUDANÇAS QUE NÃO SÃO LEVADAS ATÉ O FIM

Isso é tudo o que temos a dizer aqui. Repetimos isso inúmeras vezes no livro. Pedimos apenas que se lembre dessa afirmação.

6. SE VOCÊ É MUITO SÉRIO E RÍGIDO, APRENDA A RELAXAR E DIVIRTA-SE TAMBÉM

Algumas pessoas simplesmente não sabem brincar e se divertir, o que é resumido no credo: "Viver é uma droga, e então você morre".

Bem, a vida só é uma droga a maior parte do tempo se você a fizer assim. Não há necessidade disso. Muitos levam uma vida difícil quando precisam apenas se divertir e não produzir. Há, nos Estados Unidos, uma enorme quantidade de pessoas sérias, rígidas que vão atrás de *workshops* muito populares que ensinam às pessoas como se divertir.

Lembre-se de que se controlar é bom, da mesma forma que, às vezes, perder o controle. Continuará tudo bem se você não conseguir cortar seu gramado hoje à tarde. Vai ser divertido sentar-se com uma porção de amigos depois do jantar, rindo, brincando e falando. Pode valer a pena relaxar um pouco suas regras rígidas e severas. A Terra não vai deixar de girar em torno de seu eixo. Os céus não vão se abrir numa chuva de fogo sobre você e seus vizinhos. Seu filho não vai acabar preso toda vez que tirar um B ou um C no boletim. Vai ser infinitamente recompensador para você deixar os outros perceberem que é um ser humano real, aberto e descontraído.

7. SE VOCÊ FOR MUITO DESCONTRAÍDO, CONTENHA-SE

Algumas pessoas são, por natureza, menos estruturadas do que outras, como se pode muitas vezes observar. Mas uma coisa é ser "menos estruturado" e outra é ser excessivamente permissivo ou, pior, moralmente desorientado. Faltas individuais de estrutura são causadas por muitas razões. Alguns estão tentando se compensar por ter tido uma infância rígida, fria, com regras severas. Outros foram criados para sentir pena de todos e de tudo. Outros, ainda, foram tão superprotegidos que cresceram acreditando que lutar é ruim e que a desilusão deve ser evitada a todo custo.

Qualquer que seja a razão, se você descobrir que literalmente parte seu coração resistir aos desejos de seus filhos de vez em quando, então, por favor, leia o que vem a seguir. Quando as crianças são criadas sem que nada lhes seja negado, elas começam a acreditar que não existe nenhum tipo de resistência no mundo, o que as deixa inacreditavelmente infelizes e perdidas quando tentam, sem sucesso, amadurecer e criar sua própria estrutura. Não conseguimos imaginar qualquer situação em que isso possa funcionar na educação de um filho.

8. LEMBRE-SE DE QUE, QUANDO VOCÊ SE MOVE DOS EXTREMOS PARA O CENTRO EQUILIBRADO, VAI "PARECER ERRADO"

Se você passar a controlar um pouco o seu modo de vida depois de ter sido sempre muito liberal, vai se sentir mesquinho. Se começar a se soltar mais depois de ter sido muito contido, vai se sentir excessivamente extrovertido. Peça para aqueles que o conhecem para que lhe digam em que ponto você está. Ninguém sabe como lidar perfeitamente com as situações que envolvem o relacionamento entre pais e filhos, mas algumas pessoas sabem como lidar com algumas situações melhor do que outras. Dê um olhada à sua volta. Observe. Ouça. Seja aberto. Na maioria das vezes, é possível encontrar o ponto central de equilíbrio se você fizer disso seu objetivo. Caso contrário, não vai conseguir.

9. EXAMINE SEUS PRÓPRIOS VALORES E SEU ESTILO DE VIDA E ESTEJA DISPOSTO A FAZER PEQUENAS MAS EFICIENTES MUDANÇAS, CASO SEJA NECESSÁRIO

As pessoas podem estabelecer um limite de horas para permanecer diante de uma televisão. É possível pedir a todos da casa para que se reúnam e comam algumas refeições juntos durante a semana. Se você perceber que seu filho ficou viciado em jogos de computador, não fique sentado durante meses, esfregando as mãos e tendo discussões infindáveis com ele. Isso é como a picada de uma cascavel. Se tomar providências rapidamente, pode evitar grande parte das conseqüências dolorosas e de danos à saúde. Se não fizer nada, então você e seu filho sofrerão durante os próximos anos, lutando em batalhas intermináveis e redundantes. Apenas faça alguma coisa. Retire da memória rígida os jogos de computador, e se isso não adian-

170 As Sete Piores Coisas que os Pais Fazem

tar, leve o computador para um quarto da casa em que seu uso possa ser devidamente controlado, e controle-o devidamente.

10. MOSTRE LIDERANÇA, NÃO DOMÍNIO

Não tenha medo de mostrar liderança. Mais do que donos de nossos filhos, somos guardiães deles, temos sua custódia e devemos orientá-los. Lembre-se de que a boa liderança abrange amor, cuidado e carinho, tanto quanto estrutura e limites. Parece que a liderança, atualmente, é um dos conceitos mais mal-entendidos na família americana. Os pais se comportam como tiranos com os filhos ou como se fossem seus melhores amigos, nenhuma das alternativas sendo particularmente útil. O bom líder faz com que os demais o sigam.

De vez em quando, faça uma retrospectiva do seu comportamento e pergunte a si mesmo que tipo de inspiração seu exemplo está produzindo em seus filhos. Você os está inspirando a ter coragem e determinação ou você é mais um exemplo de apatia e infelicidade? Está desejando tomar decisões pessoais difíceis que servirão para o bem comum e que darão retorno a longo prazo, ou a maioria de suas decisões são centradas em si mesmo e imediatistas? Retroceda e veja em que direção está levando sua família; assim fazendo, assegure-se de que pode ficar orgulhoso disso e não envergonhado.

11. NÃO TENHA MEDO DE EXPERIMENTAR

Acima de tudo, por favor, tenha isso sempre em seu coração: ninguém consegue chegar a lugar algum sem experimentar. Não interessa o que seus "filtros" pessoais estejam lhe dizendo, as crianças são assustadoramente recuperáveis. Se estiver se sentindo especialmente frustrado em relação a um dilema dentro de seu relacionamento com seus filhos, não tenha dúvida em tentar alguma coisa diferente. Algumas vezes, qualquer coisa fora do comum é melhor do que a negociação costumeira, mesmo que a única diferença resida em você dirigir a casa de uma maneira não usual. A mudança da rotina diária pode soltar o inconsciente o bastante para permitir a você que pense em novas e eficientes soluções para problemas de importância real em sua vida, especialmente se você for também aberto a novas visões do mundo em que vivemos.

Se você for tão rígido que acha que só há uma maneira certa de fazer as coisas, então procure ajuda. Essa espécie de rigidez cria problemas que aumentam em proporção geométrica à medida que seus filhos ficam mais velhos, porque, quanto mais longe eles forem na vida, as soluções para os mesmos problemas serão mais numerosas. Uma criança de dezoito meses demonstra sua autonomia por meios bem comuns: dizendo "não", tentando correr de você, ou metendo-se onde não deveria. Uma pessoa de 25 anos tem um número bem maior de caminhos para expressar autonomia: pelo modo de se vestir, a carreira que escolhe seguir, idéias políticas, crenças religiosas, as pessoas que escolhe como companhia, o lugar onde vai morar, o horário em que dorme, e a lista segue ao infinito. Se você ainda acredita que há uma só maneira certa de fazer as coisas, quando sua filha tiver 25 anos, você está pronto para passar por uma série de sofrimentos e conflitos desnecessários.

Ao ficar aberto para a alternância de soluções e estando sempre pronto para experimentar em relação aos seus métodos e idéias sobre criação de filhos, você estará demonstrando uma flexibilidade que é muito boa para você e seus filhos. A vida não é uma prova. Você não se forma a cada passagem do ano velho para o ano novo. A vida é para ser vivida da melhor forma que conseguirmos, de forma tão completa quanto possível e tão respeitosamente quanto formos capazes. A mesma afirmação é válida para nossos esforços como pais.

Esperamos que você tenha tirado proveito deste livro ao mesmo tempo que desejamos o melhor para você, quer esteja começando ou continuando a mais recompensadora viagem da vida de alguém: *a jornada da paternidade.*

Bibliografia e referências em outros meios de comunicação

ABC News 20/20. Agosto 8, 1997, Segmento Dois: "Pushover Parents". Produzido por Penelope Fleming, editado por Mitch Udoff e apresentado por Deborah Roberts. Para adquirir uma cópia deste segmento, entrar em contato com ABC News em 1-800-CALL ABC.

Arnold, K., e T. Denny. Estudo sobre os melhores alunos do segundo grau de Illinois, citado em D. Goleman, *Emotional Intelligence*, Nova York: Bantam, 1995.

Bateson, G. "The Cybernetics of Self: A Theory of Alcoholism." *Psychiatry* 34 (1971):1.

Berg, S. "The New Simplicity Movement." *Minneapolis StarTribune*, dezembro, 1997.

Bouchard, T. J., Jr., David T. Lykken, M. McGue, N. Segal e A.Tellegen. "Sources of Human Psychological Differences: The Minnesota Study of Twins Reared Apart." *Science*, 12 outubro 1990: 223-228.

Brown, H. Jackson, Jr. *A Father's Book of Wisdom.* Nashville: Rutledge Hill Press, 1988.

Bruner, J. S. "The Course of Cognitive Growth." *American Psychologist* 19 (1964): 1-14.

Doherty, W. *The Intentional Family: How to Build Family Ties in Our Modern World.* Nova York: Addison-Wesley, 1997.

Erikson, E. H. *Identity: Youth and Crisis.* Nova York: W. W. Norton & Co., 1968.

Gibran, K. *The Prophet.* Nova York: Alfred A. Knopf, 1982.

Goleman, D. *Emotional Intelligence: Why It Can Matter More Than IQ.* Nova York: Bantam, 1995.

Greeley, A. Citado in "Talking to God: An Intimate Look at the Way We Pray." *Newsweek*, 6 janeiro 1992.

Kagan, J. *Galen's Prophecy.* Nova York: Basic Books, 1994.

Kagan, J. "Reflectivity-Impulsivity: The Generality and Dynamics of Conceptual Tempo." *Journal of Abnormal Psychology* 71 (1966): 17-24.

Kohlberg, L., J. Yaeger, e E. Hjertholm. "Private Speech: Four Studies and a Review of Theories." *Child Development* 39 (1968): 691-736.

Lao-Tzu. *Tao Te Ching.* Feng, trad. para o inglês de G. F., e J. English. Nova York: Random House, 1972.

Loevinger, J. *Ego Development: Conceptions and Theories.* São Francisco: Jossey-Bass, 1977.

Louis-Harris Poll. *USA Today,* 27 fevereiro 1998.

Luria, A. R. "The Directive Function of Speech in Development and Dissolution." *Word* 15 (1959): 351-352.

Maddock, J. W., e Noel R. Larson. *Incestuous Families: An Ecological Approach to Understanding and Treatment.* Nova York: W. W. Norton, 1995.

McNeill, D. "The Development of Language." In *Carmichael's Manual of Child Psychology*, organizado por P. H. Mussen. 3ª edição. Nova York: John Wiley & Sons, Inc., 1970.

Meichenbaum, D. H. "The Nature and Modifications of Impulsive Children: Training Impulsive Children to Talk to Themselves." *Research Report*, nº 23 (10 abril 1971), Department of Psychology, University of Waterloo, Waterloo, Ontário, Canadá.

Milgram, S. "Behavioral Study of Obedience." *Journal of Personality and Social Psychology* 67 (1963) 371-378.

Mischel, W. "Theory and Research on the Antecedents of Self-Imposed Delay of Reward." In *Progress in Experimental Personality Research*, vol. 3, organizado por B. A. Maher. Nova York: Academic Press, 1966.

Ornish, D. Love and Survival: *The Scientific Basis for the Healing Power of Intimacy.* Nova York: HarperCollins, 1998.

Paloma e Gallup. Estatísticas citadas in "Talking to God: An Intimate Look at the Way We Pray." *Newsweek*, 6 janeiro 1992.

Piaget, J. *The Origin of Intelligence in Children.* Nova York: International Universities Press, 1936.

Pipher, M. *The Shelter of Each Other: Rebuilding Our Families.* Nova York: Grosset/Putnam, 1996.

Bibliografia e referências em outros meios de comunicação   175

Rimm, S. *Smart Parenting: How to Parent so Children Will Learn*. Nova York: Three Rivers Press, 1996.

Satit, V. *Conjoint Family Therapy*. Palo Alto: Science and Behavior Books, 1967.

Schnarch, D. *Passionate Marriage: Sex, Love, and Intimacy in Emotionally Commited Relationships*. Nova York: W. W. Norton, 1997.

Shoda, Y., W. Mischel, e P. K. Peake. "Predicting Adolescent Cognitive and Self-Regulatory Competencies from Preschool Delay of Gratification." *Developmental Psychology* 26, nº 6 (1990): 978-986.

Vaillant, G. *Adaptation to Life*. Boston: Little, Brown, 1997.

Vygotsky, L. S. *Thought and Language*. Cambridge: MIT Press, 1962.

Sobre os autores

John C. Friel, Ph.D., e Linda D. Friel, M.A., são psicólogos formados, que atendem particularmente em New Brighton, Minnesota, um subúrbio de Saint Paul. Têm três filhos adultos que já não moram com eles, uma fêmea labrador retriever e um *cockapoo* macho, que moram com eles. Os Friels fazem terapia individual, de casal e de família, grupos de terapia comportamental de homens e mulheres, como também seminários e *workshops*, nos Estados Unidos, Canadá, Inglaterra e Irlanda, para o público em geral, hospitais, empresas, universidades, clínicas de saúde mental e serviços governamentais. Eles também dirigem o programa denominado Clearlife/Lifeworks Clinic em muitos lugares nos Estados Unidos. Esse programa é um processo moderado de três dias e meio de duração, projetado para ajudar os participantes a descobrir velhos modelos que continuam a atrapalhá-los no presente e a começarem a criar novos padrões mais saudáveis.

Eles são os bem-sucedidos autores dos livros: *Adult Children: The Secrets of Dysfunctional Families; An Adult Child's Guide to What's "Normal"; The Grown-Up Man; Heroes, Healing, Honor, Hurt, Hope; Rescuing Your Spirit;* e *The Soul of Adulthood: Opening The Doors.*

O endereço para se entrar em contato com eles pelo Correio é:

Friel Associates/ClearLife/Lifeworks
P.O. Box 120148
New Brighton, MN 55112-0013
Fone: 651-628-0220
Fax: 612-904-0340
(atenção: note que há dois diferentes códigos de área para o telefone e para o fax)

O site do casal na Web, que inclui livros, fitas, agenda de palestras e uma coluna mensal escrita por seus dois cães, Minessota Sam e Abby, pode ser acessado em: www.clearlife.com